„... ganz von
　　Mitgefühl
durchdrungen ..."

Die Ausstellung steht unter der Schirmherrschaft von
Dr. Frank-Walter Steinmeier
Bundesminister des Auswärtigen

„… ganz von Mitgefühl durchdrungen …"

Orest und Elektra

Ein neu entdecktes Meisterwerk

von Johann Heinrich Schmidt gen. Fornaro (1757 – 1828)

Yvonne Schülke

IMPRESSUM

Katalog zur gleichnamigen Ausstellung
Sonderpräsentation zum 250. Geburtstag von
Johann Heinrich Schmidt gen. Fornaro (1757-1828)
im Historischen Witwenpalais Ottweiler
im Auftrag des Landkreises Neunkirchen
vom 2. August bis 2. September 2007

Leihgeber
Schlossmuseum, Česky Krumlov, Tschechische Republik
Landesarchiv Saarbrücken
Evangelische Kirchengemeinde, Ottweiler

Initiator	Dr. Rudolf Hinsberger, Landrat des Landkreises Neunkirchen
Kuratorin	Yvonne Schülke, Augsburg
Koordination	Stefan Thomas, Christian Rau, Tourismus- und Kulturzentrale des Landkreises Neunkirchen; Brigitte Meister, Landkreis Neunkirchen
Kooperationspartner	Kunstsammlungen und Museen Augsburg
Ausstellungsassistenz	Shahab Sangestan M.A., Augsburg
Pressearbeit	Stefan Thomas, Tourismus- und Kulturzentrale des Landkreises Neunkirchen; Sören Meng, Amt für Öffentlichkeitsarbeit des Landkreises Neunkirchen
Ausstellungsgestaltung	Thomas Ultes
Übersetzung und Kontakt	Sonja Hefele, Augsburg; Katherina Neupert, Nürnberg
Restauratorische Betreuung	Manfred Schöndorf, Ottweiler

Für finanzielle Unterstützung sei gedankt
Sparkasse Neunkirchen
Ottweiler Druckerei

Bibliografische Informationen der Deutschen Bibliothek
Die Deutsche Bibliothek verzeichnet diese Publikation in der Deutschen Nationalbibliografie
Detaillierte bibliografische Daten sind im Internet über
http://dnb.ddb.de abrufbar

ISBN 3-935348-21-5
ISBN 978-3-935348-21-8

Lektorat	Dr. Charlotte Bühl-Gramer, Nürnberg; Shahab Sangestan M.A., Augsburg
Gestaltung	Thomas Ultes, Kaiserslautern, www.somneo.de
Redaktion	Shahab Sangestan M.A., Augsburg
Satz	Thomas Ultes, Kaiserslautern
Lithografie	Walter Becker, Hüttigweiler
Druck	Ottweiler Druckerei und Verlag GmbH, Ottweiler

Titelabbildung	Detail aus *Orest und Elektra* von Johann Heinrich Schmidt gen. Fornaro [Foto: Národní památkový ústav, České Budejovice]

© Staden-Verlag Augsburg
Alle Rechte beim Verlag und der Autorin

INHALT

Vorwort - Dr. Rudolf Hinsberger — 6

Grußwort - Dr. Christof Trepesch — 9

1. Johann Heinrich Schmidt gen. Fornaro – Ein Maler des Klassizismus aus Ottweiler — 11

2. *Orest und Elektra* – Ein römisches Hauptwerk — 16
   2.1 Die *Elektra* von Sophokles als Textgrundlage — 18
   2.2 Die Figurenparataxe – Pylades, Orest, Chrysothemis und Elektra — 20
   2.3 Landschaft, Architektur und Kolorit — 20
   2.4 Zum dargestellten Moment – Im *fruchtbaren Augenblick* — 23
   2.5 Die Bildvorlagen und die zeitgenössische Verwendung des Themas — 27
   2.6 Die Vereinzelung und Handlungsarmut der Figuren — 31
   2.7 Der Reliefstil als Ausdrucksmittel epischer Erzählweise — 33
   2.8 Elektra als Heldin – Das *Weiblich-Sublime* — 45

3. Anhang
   3.1 Zwei eigenhändige Briefe von Johann Heinrich Schmidt gen. Fornaro — 49
   3.2 Anmerkungen — 52
   3.3 Abbildungsnachweis — 56

VORWORT

Der klassizistische Maler Johann Heinrich Schmidt gen. Fornaro wurde in dem Haus in Ottweiler geboren, an dessen Stelle heute das Landratsamt des Landkreises Neunkirchen steht. Hier zeigen wir nach der großen Ottweiler Porzellan-Ausstellung im Jahre 2000 die Sonderpräsentation zu seinem 250. Geburtstag „… ganz von Mitgefühl durchdrungen …". Dieses Motto, das einer zeitgenössischen Beschreibung einer Besichtigung des Schmidt'schen Ateliers entnommen ist, verweist auf die spezifische Wirkweise der Kunst von Johann Heinrich Schmidt: Die Themen und Darstellungen sollen den Betrachter anrühren, ihn bewegen und in die antike Welt einführen. Dass man sich diese Welt als ein ideales, von hohen moralischen Vorstellungen durchdrungenes Gedankengebäude vorstellte, zeigen vor allem auch die Schriften von Johann Joachim Winckelmann. Dessen Diktum von der „edlen Einfalt und stillen Größe" und das Paradigma der Nachahmung der Kunst der Antike wurden maßstabgebend für die bildende Kunst des ausgehenden 18. Jahrhunderts. So formuliert Winckelmann: „Der einzige Weg für uns groß, ja, wenn es möglich ist, unnachahmlich zu werden, ist die Nachahmung der Alten."

Gerade die antiken Denkmäler in Italien hinterließen auf den in Ottweiler geborenen Maler, dem Goethe in Rom den Spitznamen Fornaro gab, offenbar einen so großen Eindruck, dass er letztendlich seine Wahlheimat nicht mehr verlassen sollte. In Italien fand Schmidt wohl sein Arkadien.

Mit dem neu entdeckten römischen Hauptwerk *Orest und Elektra* wird die Verankerung des Künstlers in den klassizistischen Vorstellungen überaus deutlich. Die in dieser Publikation vorgelegte Einzelanalyse der Kunsthistorikerin Yvonne Schülke zeigt auf exemplarische Weise Schmidts kreatives Schöpfen aus der antiken Formenwelt. Mit dem Buch knüpft der Landkreis Neunkirchen an die 2005 erschienene monografische Würdigung der Terrine aus Ottweiler Porzellan an, die ein Hauptwerk der nur für kurze Zeit tätigen Porzellanmanufaktur darstellt. Mit beiden Publikationen werden einzelne Kunstwerke, die eng mit der Geschichte der Stadt Ottweiler verbunden sind, ins Zentrum gestellt.

Mein besonderer Dank gilt der Kuratorin der Ausstellung, Frau Yvonne Schülke, ebenso dem Leihgeber, dem Museum in Česky Krumlov, namentlich Herrn Direktor Petr Pavelec und Frau Mája Havlová, die sich besonders für das Projekt einsetzten. Ferner gilt mein Dank dem Kooperationspartner der Ausstellung, den Kunstsammlungen und Museen Augsburg, hier insbesondere Herrn Direktor Christof Trepesch, sowie Frau Sonja Hefele, die für die Übersetzung und den Kontakt nach Tschechien verantwortlich zeichnete. Herrn Stefan Thomas und Frau Brigitte Meister vom

Landkreis Neunkirchen ist für die Koordination zu danken. Nicht zuletzt gilt mein Dank der Sparkasse Neunkirchen und der Ottweiler Druckerei, ohne deren Engagement das Projekt nicht hätte realisiert werden können.

Dr. Rudolf Hinsberger
Landrat des Landkreises Neunkirchen

GRUSSWORT

Als im Jahre 2000 der Landkreis Neunkirchen in Ottweiler gemeinsam mit der Alten Sammlung des Saarland Museums in Saarbrücken die bislang größte Ausstellung zum Ottweiler Porzellan ausrichtete, wurde die Stadt Ottweiler einem überregionalen Publikum als Kunststadt präsentiert. In meiner damaligen Funktion als Kustos der Alten Sammlung des Saarland Museums betreute ich diese Ausstellung, die mit internationalen Leihgaben – darunter das Victoria and Albert Museum London – ausgestattet werden konnte. Das historische Witwenpalais wurde für diese Ausstellung erstmals als ein musealer Ort entdeckt und entsprechend ausgerüstet; Leihgaben des Saarland Museums sind bis heute in den Räumen des Palais ausgestellt!

Es freut mich ganz besonders, dass mit der Präsentation „… ganz von Mitgefühl durchdrungen …" Orest und Elektra. Ein neu entdecktes Meisterwerk von Johann Heinrich Schmidt gen. Fornaro an diese Vorarbeiten angeknüpft werden kann und dass ein weiterer überregional bedeutender Aspekt der Stadt Ottweiler in den Mittelpunkt einer Ausstellung gestellt wird. Gerne unterstütze ich nunmehr in Funktion als Direktor der Kunstsammlungen und Museen Augsburg meinen Heimatlandkreis Neunkirchen: Die Augsburger Kunstsammlungen unterhalten enge Verbindungen mit der Tschechischen Republik, hier insbesondere mit der nordböhmischen Metropole Liberec / Reichenberg, der Partnerstadt von Augsburg. Gerade kürzlich konnten wir im Schaezlerpalais eine Ausstellung mit Leihgaben aus der dortigen Regionalgalerie unter dem Motto „Sehen ist alles. Meisterwerke des 19. Jahrhunderts aus Liberec / Reichenberg" eröffnen. Vor dem Hintergrund dieser engen Beziehungen ist es mir eine besondere Freude die Verbindung zwischen Tschechien und Augsburg auch nach Ottweiler weiterzutragen und zu erweitern, denn das neu entdeckte Hauptwerk des in Ottweiler geborenen Klassizisten Johann Heinrich Schmidt gen. Fornaro wird heute in Česky Krumlov aufbewahrt. Es wird nun erstmals seit seiner Wiederentdeckung in Deutschland gezeigt. Im Rahmen dieser monografischen Ausstellung knüpft der Landkreis Neunkirchen an die aktuelle Präsentationsform großer Museen an, die Bildgeschichten erzählen und Einzelanalysen von Kunstwerken einem breiten Publikum zu vermitteln suchen.

Dr. Christof Trepesch
Direktor der Kunstsammlungen und Museen Augsburg

1. JOHANN HEINRICH SCHMIDT GEN. FORNARO
– EIN MALER DES KLASSIZISMUS AUS OTTWEILER

Der Maler Johann Heinrich Schmidt (Abb. 1) ist mit der Kunstgeschichte der Stadt Ottweiler eng verbunden. Am 2. August 1757 wurde Schmidt als zweiter Sohn des nassau-saarbrückischen Lakaien Johann Peter Schmidt (1718-1762) und der Catharina Elisabetha Schnautigel (1730-1773) in der Neumünsterer Vorstadt in Ottweiler geboren.[1] Schon Schmidts Großvater stand als Förster zu Neunkirchen in den Diensten des Fürsten Wilhelm Heinrich von Nassau-Saarbrücken (1718-1768). Nachdem beide Eltern sehr früh verstarben, wurde Schmidt als Vollwaise unter die Obhut der Waisenschreiberei gestellt, die als Vormund den Ottweiler Bürger „*herrn Übe*" bestimmte.[2]

Das höfische Umfeld dürfte für den angehenden Maler in der kleinen Nebenresidenz der Nassau-Saarbrücker Fürsten sicher eine nicht unerhebliche Rolle gespielt haben: In seinem Geburtsjahr wurde in Ottweiler durch den nassau-saarbrückischen Generalbaudirektor Friedrich Joachim Stengel (1694-1787) der Bau des so genannten Witwenpalais begonnen[3], ein Stadtpalais der Fürsten von Nassau-Saarbrücken. Ebenso wurde an der Blies der so genannte Pavillon, ein Lusthaus beziehungsweise ein Gartenpavillon, erbaut.[4] Als Schmidt sechs Jahre alt war, ließ Fürst Wilhelm Heinrich von Nassau-Saarbrücken im Bereich des Witwenpalais eine Porzellanmanufaktur durch den Porzellanfabrikanten Dominique Pellevé aus Rouen errichten.[5] Die Produkte dieser Manufaktur, von der weltweit nur rund 120 Objekte erhalten sind und die wie viele andere Manufakturen hochwertiges Porzellan herstellte, zählen heute zu den seltensten Porzellanen des 18. Jahrhunderts. Dass Schmidt hier erste künstlerische Impulse erhalten hat, wie die Forschung seit Karl Lohmeyer vermutet[6], ist bislang nicht belegt.

1771 oder spätestens 1772, also im Alter von 14 oder 15 Jahren, ging Schmidt schließlich in die nahe gelegene Residenzstadt Saarbrücken und wurde hier gemeinsam mit Johann Friedrich Dryander (1756-1812) und Johann Caspar Pitz (1756-1795) Schüler des am dortigen Hof tätigen Malers Johann Jakob Samhammer (1728-1787). Wenige Jahre später, 1774, begleiteten Schmidt und Dryander ihren Lehrer nach Darmstadt – Pitz hingegen ging an den benachbarten Pfalz-Zweibrücker Hof. Nach fast zehnjährigem Aufenthalt in Darmstadt wechselte Schmidt 1783 nach Mannheim, um an der dortigen Zeichnungsakademie zu studieren. Von Mannheim aus kündigte Schmidt bereits 1784 seine Italienreise in einem bisher unbekannten eigenhändigen Brief an und liefert auch den Grund hierfür: „*da ich zur fortsezung meiner Studien␣/␣der Malerey eine Reiße in Italien zu machen willens, zu␣/␣deßen Vollzug aber noch Geld vonnöten habe*" (Abb. 23), wendet er sich an die Waisenschreiberei in Ottweiler, mit

Abb.1 Johann Heinrich Schmidt, Selbstporträt mit Mütze, 1780, Rötelzeichnung, 43,2 x 31,9 cm, Darmstadt, Hessisches Landesmuseum Darmstadt, Grafische Sammlung.

der Bitte, seinen Anteil des elterlichen Erbes auszuzahlen. Eindringlich formuliert Schmidt vier Tage später (Abb. 24): *„Unsere Academie hört jezo auf, folglich | ist alle Zeit die ich hier zubringe Verlust vor mich."*[7]
Wenig später ging er als besoldeter hessen-darmstädter ‚Pensionär' nach Italien und lebte und arbeitete dort zunächst in Rom. Schmidt war im Kreis der deutschen Künstler aktiv und richtete beispielsweise 1788 gemeinsam mit Pitz, der seit 1785 ebenfalls in Rom war, eine Atelierausstellung aus. Schmidt präsentierte hier das Gemälde *Perikles an der Leiche seines Sohnes* erstmals einer größeren Öffentlichkeit.[8] Schon dieses Bildthema zeigt, dass er sich in Italien zunehmend antiken Sujets zuwandte und er seine Kunst an den vorherrschenden Prinzipien klassizistischer Formfindung orientierte, hier vor allem an Jacques-Louis David (1748-1825), Gavin Hamilton (1723-1798) und Angelika Kauffmann (1741-1807). Schmidt bewegte sich in den römischen Künstlerkreisen und hatte nicht zuletzt auch Kontakt mit Johann Wolfgang von Goethe (1749-1832), der sich von 1785 bis 1788 in Italien aufhielt. Goethe gab ihm in seinem ‚Unnamen-Verzeichnis' den Beinamen Fornaro, der Bäcker, was sich auf das „äußere Ansehn" beziehen soll.[9] Im Jahr 1791 ist das Gemälde *Orest und Elektra* (Abb. 2) in Rom entstanden. Ein Jahr später, am 5. August 1792, heiratete Schmidt die Römerin Teresa Banducci (geb. 1773).

Am Jahresende 1797 übersiedelte er mit seiner Familie – er hatte inzwischen zwei Töchter – nach Neapel, um so den französischen Revolutionstruppen zu entgehen. In der damals drittgrößten Stadt Europas entstanden einige seiner wichtigsten Landschaften und Porträts. Nach der Thronbesteigung von Napoleons Schwager Joachim Murat (1767-1815) im Jahre 1808 als König von Neapel und beider Sizilien erhielt der Künstler zahlreiche offizielle Aufträge, die seine hohe Wertschätzung deutlich machen. So durfte er sogar die *Kapitulation von Capri* für den Thronsaal Murats im Königsschloss von Caserta ausführen. In den 1820er Jahren verliert sich die Spur Schmidts in Neapel. In welchem Jahr er schließlich gestorben ist, kann bislang nicht genau ermittelt werden. Wahrscheinlich ist das Jahr 1828.

Abb. 2 Johann Heinrich Schmidt, Orest und Elektra, 1791, Öl auf Leinwand, 92 x 122 cm, Schloss Český Krumlov, Tschechische Republik.

Abb. 3 Anton Zeller (?) (1769-1833), Porträt Marianne Kraus (1765-1838), um 1788, Öl auf Leinwand, Privatbesitz.

2. OREST UND ELEKTRA
– EIN RÖMISCHES HAUPTWERK

Das neu entdeckte Gemälde (Abb. 2) von Johann Heinrich Schmidt galt bisher als verschollen. Durch das Tagebuch (Abb. 4) der Marianne Kraus (1765-1838) (Abb. 3) war lediglich bekannt, dass Schmidt ein Gemälde mit der Darstellung von Orest und Klytaimestra oder Orest und Elektra in Rom gemalt hatte.[10] Im Rahmen der Forschungen durch die Verfasserin konnte das Bild 2001 im Schloss von Česky Krumlov/Krumau in der Tschechischen Republik identifiziert, mit den Quellen in Verbindung gebracht und als eigenhändiges Gemälde von Schmidt bestimmt werden.[11]

Marianne Kraus reiste als Hofdame der Gräfin Charlotte Luise zu Erbach-Erbach, der zweiten Frau von Graf Franz I. zu Erbach-Erbach (1754-1823), 1791 nach Italien. Am 18. März 1791 besuchte sie in Rom das Atelier von Schmidt und notierte:

„Bei Schmidt waren wir und sahen ein sehr schönes Bild: Orest kommt mit seinem Freunde an die Stelle, wo seine Schwester Clidemnestra[12] die Urne ans Herz drückt in dem Wahne, es wäre die Asche des Orest. Ihre Freundin steht ganz von Mitgefühl durchdrungen da. Es sind schöne griechische Figuren, die Gewänder in großer Manier geworfen, die ganze Komposition im alten Stil. Ich werde nächstens wieder zu Schmidt gehen, ums noch mal ordentlich zu betrachten. Die Landschaft ist sehr schön dabei, und in einem Male fertig gemalt."[13]

Marianne Kraus erkannte zunächst die dargestellte Historie nicht und verwechselte Elektra mit Orests Mutter Klytaimestra, und Chrysothemis ist allgemein als ‚Freundin' bezeichnet. Am 27. März 1791 identifiziert sie die Frauenfiguren nun tatsächlich als Schwestern:

Friedrich „Bury"[14] und Schmidt führten mich nach Hause mit einem verfetzten Regenschirm. Ich sah nochmals Schmidts Gemälde, es ist schön, wenn schon gewisse Leute behaupten wollen, die Hälse wären zu dick an den zwei Schwestern von Orest. Das eine Figürchen, wo neben Elektra steht, ist so ruhig und voller Ausdruck, ich möchte es aus dem Bild schneiden dürfen."[15]

Das Tagebuch dokumentiert auch den Käufer des Bildes und die Kaufumstände: Prinz Friedrich von Schwarzenberg (1774-1795)[16], der mit seinem älteren Bruder Fürst Joseph Johann von Schwarzenberg (1769-1833) und dem Hofmeister und Erzieher Martin Forch (gest. 1814) Italien bereiste, erwarb das Gemälde 1791. Bei einem gemeinsamen Besuch mit Marianne Kraus und der Gräfin zu Erbach-Erbach in Schmidts Atelier am Corso hatte Prinz Friedrich zu Schwarzenberg das Gemälde besichtigt. So berichtet Marianne Kraus am 28. März 1791:

„Nachher fuhren wir zu Boquet[17] und Schmidt. Letzteren trafen wir nicht zu Hause. Das Bild von Orest gefiel dem jüngeren Fürsten so wohl, daß er sein Gelübde brechen will."[18]

Das „Gelübde" des Fürsten bestand gerade darin, in Rom keinen Gemäldekauf zu tätigen. Schon einen Tag nach der Besichtigung, entschloss er sich jedoch – zum besonderen Leidwesen der Gräfin Friederike Wilhelmine Solms-Baruth (1755-1832), die andere Ankaufspräferenzen hegte – das „Gelübde" zu brechen. Er erwarb das Bild und zog sich den Unmut der Gräfin zu:

„Die Gräfin Solms fuhr mit [zu Angelika Kauffmann], sprach aber keine drei Worte unterwegs. Sie ist gewiß bös, weil Fürst Schwarzenberg Schmidt sein Gemälde abgekauft. Daß aber auch das Gelübde nicht bei des Amico seinem Bild gebrochen worden, ist nicht recht."[19]

Gräfin Solms hätte es gerne gesehen, dass Schwarzenberg ihrem „Amico" – gemeint ist Friedrich Rehberg (1758-1835) – ein Gemälde abgekauft hätte. „Der Fürst von Schwarzenberg kann nun durch Kaufen oder Nichtkaufen die Freundschaft der Gräfin Solms machen und zerreißen".[20] Schmidts *Orest und Elektra* wurde so zum Prüfstein der Freundschaft zwischen der Gräfin und Fürst Schwarzenberg und dokumentiert zudem die Verwicklungen, denen sich die Künstler auf dem freien Kunstmarkt ausgesetzt sahen.

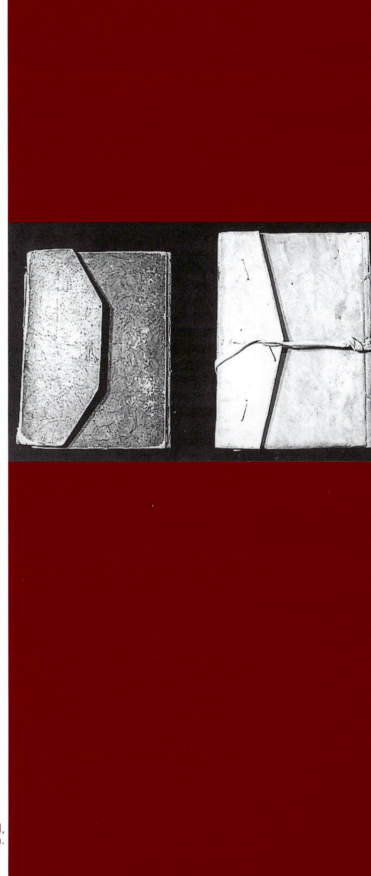

Abb. 4 Reisetagebücher der Marianne Kraus (1765-1838), 1791, Buchen, Bezirksmuseum.

2.1 DIE ELEKTRA VON SOPHOKLES ALS TEXTGRUNDLAGE

Drei bedeutende antike Autoren behandeln das Schicksal der Elektra: Aischylos in seiner *Orestie*, Euripides in seiner *Elektra* und schließlich Sophokles (497/96 - 406 v. Chr.), ebenfalls in seiner *Elektra*. Letztere diente Schmidt als Textgrundlage.

Nachdem Agamemnon aus dem Trojanischen Krieg zurückkehrte, wurde er von seiner Frau Klytaimestra und deren Geliebten Aigisthos, dem eigenem Bruder, ermordet. Auch Orest, Agamemnons Sohn, sollte getötet werden, jedoch verhalf ihm seine Schwester Elektra zur Flucht und König Strophios zog ihn gemeinsam mit seinem eigenen Sohn Pylades im Land Phokes auf. Die Schwestern Elektra und Chrysothemis lebten geächtet am väterlichen Hof weiter. Nachdem Orest, angetrieben von Apoll, mit seinem Freund Pylades nach Mykene zurückkehrte, um den Tod seines Vaters Agamemnon zu rächen, lässt Orest zunächst die Nachricht seines eigenen Todes verkünden. Der Erzieher übermittelt die Nachricht, dass Orest beim Wagenrennen gestorben sei. Erleichtert darüber wägt Klytaimestra sich in Sicherheit und triumphiert. Elektra hingegen fällt in noch tieferes Leid, denn mit Orests Tod schwindet auch die Hoffnung, den Mord an Agamemnon sühnen zu können. In großer Verzweiflung entschließt sich Elektra, auch ohne die Hilfe ihrer Schwester Chrysothemis den Sühnemord nun selbst zu vollbringen. Nachdem der

Entschluss gefasst ist, begegnet Orest gemeinsam mit Pylades seiner Schwester Elektra und übergibt ihr – noch unerkannt – die Urne, die vermeintlich seine Asche enthält. Über das Schicksal ihres Bruders in tiefe Trauer gesunken, erkennt Orest am Klagen seine Schwester und tröstet sie. Elektra versteht seinen Trost jedoch nicht und hält die Ascheurne fest am Körper:

Elektra
„Wenn ich doch des Orestes Leib umfasse hier?!"

Orest
„Doch des Orestes nicht! nur zum Schein so hergerichtet!"

Elektra
„Wo aber ist dann sein, des Unglückseligen Grab?"

Orest
„Es ist nicht! denn wer lebt, der hat kein Grab!"

Elektra
„Wie sprachst du, Knabe?"

Orest
„Nichts, was unwahr wäre!"

Elektra
„Ja, lebt der Mann denn?"

Orest
„Wenn denn Leben ist in mir!"

Elektra
„So bist du – Er?"[21]

Nach dieser *Anagnorisis*-Szene enthüllt Orest Elektra den Racheplan und wird danach seine Mutter und deren Geliebten Aigisthos töten und somit den Tod seines Vaters Agamemnon sühnen. Bei Sophokles liegt das Hauptaugenmerk auf der Figur der Elektra, deren Vereinzelung und Leid. Mit dem göttlichen Auftrag des Sühnemords werden letztlich Elektra und das gesamte Geschlecht der Atriden nach langem Leiden wieder die Freiheit erhalten, das heißt die Wiedererkennungsszene der Geschwister und die daraus resultierende Tat bilden eine der Kernstellen in der Sage der Atriden.

Abb. 5 Johann Conrad Felsing (1766-1819) nach Johann Heinrich Schmidt, Artemisia bei der Aschenurne ihres Gemahls (1785), 1797, Punktier- und Farbstich, 43,5 x 32,5 cm, Darmstadt, Hessisches Landesmuseum Darmstadt, Grafische Sammlung.

2.2 DIE FIGURENPARATAXE
– PYLADES, OREST, CHRYSOTHEMIS UND ELEKTRA

2.3 LANDSCHAFT, ARCHITEKTUR UND KOLORIT

Die Szene findet in einem bühnenartig arrangierten Naturraum statt. Vor dem bildparallel angeordneten Sarkophag des Agamemnon sind in strenger Parataxe vier Figuren auf einer schmalen Bodenzone angeordnet. Die Komposition beginnt mit dem Stehenden links, Pylades, dessen Schrittmotiv sowie die freigegebene rechte Schulter und der Oberarm im hell aufleuchtenden Inkarnat die Parataxe einleiten. Wie Pylades ist auch der neben ihm stehende Orest als Herangekommener begriffen. Beide sind nah aneinandergerückt und halten sich als Freundschaftsbeweis – dem klassischen Freundschaftspaar entsprechend – an den Händen. Orest steht im leichten Kontrapost in Dreiviertelstellung, wobei sein abgesenktes Haupt im strengen Profil gegeben ist. Nach einer Pause, die durch den Abstand sowie den Altar[22] gekennzeichnet ist, folgt die Frauengruppe: zuerst die Schwester Chrysothemis, deren gefasste Haltung durch den geschlossenen Kontur unterstrichen wird. Ihre Oberkörperdisposition wie auch das gesenkte Haupt leiten zu Elektra hin, die als Einzige im Sitzmotiv gegeben ist.

Die gesamte Figurenparataxe bezieht sich somit auf Elektra, die zur Protagonistin des Bildes wird, was auch deren Farbgestaltung – ihr Gewand besitzt die hellste Farbigkeit im Weiß-Gelb-Klang – unterstreicht. Sie umgreift zudem als Einzige einen Gegenstand, die Ascheurne mit den vermeintlichen Überresten des Bruders, und weist durch ihre Blickrichtung über die Bildgrenze hinaus, zeigt damit eine gewisse Transitorik an.

Der die Figuren hinterlegende, leicht schräg im Bild verortete Sarkophag nennt auf seiner Längsseite in griechischen Lettern eingehauen den Namen des Ermordeten: Agamemnon („ΑΓΑΜΕΜΝ[ΟΝ]") sowie dessen Stammeszugehörigkeit, das Geschlecht der Atriden („ΑΤΡΕΙΔΗΣ"). Der unprofilierte schmucklose Kubus ist gänzlich auf seine geometrischen Grundformen konzentriert: Er besitzt einen hohen Sockel und einen auf verdeckten Füßen ruhenden Sarkophagkasten, der durch den Schattensaum an der Fußzone zu schweben scheint. Der Kasten hat einen dachförmigen, zurückspringenden Deckel, an dessen Längsseite zwei Lorbeerfestons angebracht sind.

Am linken Bildrand rahmen zwei mächtige Baumstämme die Szene und geben den Blick in eine weite Landschaftsebene frei. Ein mäandrierender Weg markiert hier die Richtung, aus der Orest und Pylades gekommen sind. Die übrigen Landschaftselemente sind kulissenhaft auf den bildparallelen Sarkophag als dessen Nukleus bezogen und bilden das Geschehen kommentierende Einheiten: So ist je einer der beiden Baumstämme mit gestisch leibhaften Ästen den Herangetretenen, Orest und Pylades, zugeordnet. Weiter zur Bildmitte hin bestimmen die säulenhaften Zypressen hinter dem Sarkophag den Funeralkontext und lassen sich auf die Statuarik der Chrysothemis beziehen. Zugleich leiten sie – in der Natur gespiegelt – den Trauerprozess der Elektra ein, der durch gloriolenhafte

Pinienkronen überhöht ist, die sich zudem ähnlich neigen wie die Figur der Elektra selbst.

Dem Offenen und Weiten der Landschaft ist am rechten Bildrand die architektonische Begrenzung entgegengesetzt, der Palast, den nunmehr Klytaimestra und Aigisthos bewohnen. Diese Architektur ist nur ausschnitthaft angedeutet. Es handelt sich offenbar um den Teil eines größeren tempelartigen Gebäudes, das keiner kanonischen Gliederung folgt. Zu identifizieren ist lediglich eine dorische Säulenstellung – ein Prostylos (?) – mit charakteristischem Triglyphen-Architrav, darüber ein zweites, zurückversetztes Geschoss, das scheinbar polygonal einknickt. Landschaft und Palastarchitektur steigern sich hier zur beidseitigen Akzentuierung im Helligkeitswert, so dass die Landschaft als ein der Helligkeit des Tempels parallel aufgefasstes Pendant eingesetzt ist. Während der Landschaft die Implikation von Weite und Freiheit zugesprochen werden kann, ist der Palastarchitektur die Kategorie normativer Enge und kanonischen Eingebunden-Seins zugewiesen. Diese Polarität bezieht sich sowohl auf die dargestellte Situation als auch auf die Naturelemente in ihrer inhaltlichen Bezugnahme. Der Bildgrund ist Bedeutungsmedium und wird in seiner Funktion zum Bezugsgrund für die dargestellte Situation.

Betrachtet man das Kolorit, so ist festzuhalten, dass dieses gänzlich in der klassizistischen Farbgestaltung verankert ist. Schmidt unterscheidet jeweils zwischen Figur und Raum beziehungsweise zwischen Figur und dem sie umgebenden Umraum: So sind die Buntwerte den Figuren zugeordnet, der Grund hingegen dient als neutraltonige Folie für die gegenstandsbezogenen Buntwerte. Letztere sind an die Gewänder der Dargestellten gebunden und formieren sich dort zu einem quadrofonen Farbklang, der vor allem durch die abgeschwächte Primärfarbentrias unter Hinzunahme von Weiß bestimmt ist. Mit der Farbgestaltung bildet Schmidt Zugehörigkeiten der Figuren untereinander. Orest und Pylades werden durch den Rotton zusammengeschlossen, der als Flächenfarbe nur im Chlamys, abgeschwächt im kurzen Chiton von Orest und im Chiton von Pylades präsent ist. Die Frauenfiguren sind durch den Farbwert Gelb zusammengeschlossen, sowie durch das Weiß, das im Haarband der Chrysothemis wiederkehrt. Blau hingegen ist nur in Pylades Himation und im Himation der Chrysothemis vorhanden. Es charakterisiert beide als Begleiter und bewirkt gleichzeitig eine rhythmische Durchbrechung.

Abb. 6 Detail aus Orest und Elektra.

2.4 ZUM DARGESTELLTEN MOMENT
– IM FRUCHTBAREN AUGENBLICK

Schmidt wählt den Moment kurz vor der *Anagnorisis*-Szene der Geschwister. Orest hat bereits die Ascheurne Elektra übergeben und diese ist ganz in Trauer um den vermeintlich Verstorbenen in sich versunken. Sie hat auf dem Podest des väterlichen Sarkophages Platz genommen und umfasst mit beiden Händen zärtlich die kupferfarbene Urne. Schmerzerfüllt drückt sie diese an ihr Herz. Auch hier ist Elektra – wie schon die frühe *Artemisia*-Figur von Schmidt (Abb. 5) – ganz ‚Gefäß der Trauer', was durch den geschlossenen Kontur, durch den sie umhüllenden Mantelschleier und den aus dem Bild führenden, verinnerlichten Blick offenkundig wird. Elektra ist – mit den Worten Michael Frieds, der das rezeptionsästhetische Modell klassizistischer Malerei eingehend untersucht hat – eine Figur der *Versunkenheit* (*absorption*), Chrysothemis erfüllt die Funktion der Ersatzbetrachterin für den tatsächlichen Betrachter.[23] In ihr kommt eine auf den Betrachter ausgerichtete, wirkungsästhetische Komponente zum Tragen: Chrysothemis wird zu einer „Reflexionsfigur, handlungslos hat sie das Wahrgenommene verinnerlicht."[24] Ihr statisches Moment, das gleichzeitig etwas Retardierendes mit einbringt und das Betroffen-Sein um Elektras Trauer beispielhaft vor Augen stellt, liefert die Sentimentvorgabe, die sich beim Anblick des Bildes, wesentlich beim Anblick von Elektra, beim Betrachter einstellen soll: „Zeit und Raum sind stillgestellt, geben unsere im Nachsinnen sich erschöpfende Reflexionsweise vor."[25]

Dass diese wirkungsästhetische Funktion als Ersatzbetrachterin tatsächlich als solche erkannt wurde, wird besonders durch die Bemerkung von Marianne Kraus deutlich, wenn sie betont: „Das eine Figürchen, wo neben Elektra steht, ist so ruhig und voller Ausdruck, ich möchte es aus dem Bild schneiden dürfen."[26] Diese Figur bildet für die Betrachtungsweise den Schlüssel der Sentimentvorgabe, welches sich in dem Wunsch des ‚Herausschneiden-Dürfens' gewissermaßen manifestiert und durch die Feststellung, dass Chrysothemis „ganz von Mitgefühl durchdrungen"[27] dastehe, realisiert ist. Bezeichnenderweise liefert Marianne Kraus keine nähere Beschreibung der Elektra-Figur.

Gerade die von Michael Fried begrifflich gefasste Figur der *Versunkenheit* (*absorption*), erlaubt es, die unmittelbare Gefühlswelt der *Versunkenen* nachzuempfinden. Fried geht von der „Fiktion der Nichtexistenz des Betrachters" aus, das heißt der Betrachter wird zunächst vom Bild ausgeschlossen, um dann um so mehr – so das Paradoxon klassizistischer Malerei – durch die Figur der Ersatzbetrachterin / des Ersatzbetrachters einbezogen zu sein. Die Dargestellten im Bild dürfen sich nicht nach außen wenden, dürfen keine nach außen gewandte Theatralik (*theatricality*) besitzen. Die höchste Form der *Versunkenheit* sieht Michael Fried im Schlaf oder der Blindheit gegeben. Elektra, die weder zu den innerbildlichen Figuren noch zum Betrachter Kontakt besitzt, sondern ganz in der

Interaktion ihrer eigenen Trauer aufgeht, bildet somit eine Form weiblicher *Versunkenheit* (*absorption*).[28]

Orest hingegen hat seine Schwester am schmerzerfüllten Trauern erkannt und wird sich ihr erst im nächsten Moment zu erkennen geben, antizipiert über das aktivere Stehen und die sprechend-richtende Geste seiner Linken. Er ist der Wissende, wohingegen Elektra noch mit sich und ihrer Trauer beschäftigt ist. Gerade weil Schmidt den Moment kurz vor der *Anagnorisis*-Szene wählt, ist Orest ganz im Sinne von Gotthold Ephraim Lessings (1729-1781) *fruchtbarem Augenblick* erfasst. Dieser liegt genau vor dem Höhepunkt der Erzählung, besitzt bei Lessing etwas Transitorisches und muss das Kommende antizipieren.[29] Diese Antizipation ist offenkundig, denn die Orest-Figur ist gänzlich auf seine linke Hand hin ausgerichtet. Orests leicht nach unten gerichtetes Profil und die streng geordnete, schüsselfaltenähnliche Gestaltung seines Umhangs bilden die Grundlage für den sprechenden Gestus seiner Hand, der mehr beinhaltet als das Sich-zu-Erkennen-Geben: Denn das Inkarnat der Hand ist explizit im Helligkeitswert betont und hierdurch zu einem Aufmerksamkeitszentrum überformt. Die Exponierung der Hand geschieht zunächst durch die Verschattung seines Unterarms, deutlicher dann durch die zarte, die Hand hinterfangende Dunkelheit am Sarkophag und am stärksten durch

Abb. 7 Antinous, Römisches Marmorrelief, 2. Jahrhundert n. Chr., H 102 cm, Rom, Villa Albani.

die Verdunklung und die Formangleichung von Altar und Hand. Zudem ist Orest der einzige, dessen streng linear begriffener Schlagschatten einen *Zeigeschatten* formiert, der von seinem linken Fuß zum rechten auf den Boden geführt ist und sich allmählich in voller Größe zu einem gleichförmig flutenden, selbständigen Schattengebilde auf dem Opferaltar entwickelt. Diese Schattenerscheinung hüllt den Opferaltar in eine bedrohlich wirkende Dunkelheit, führt zu Orests im Richten begriffenen Gestus, hilft zu dessen Exponierung und übernimmt als prodigiales Zeichen Zeigefunktion. Sowohl die Verschattung des Gesichts und der Zeigeschatten als auch sein Gestus antizipieren den nahenden Sühnemord an seiner Mutter und deren Geliebten. Die am Boden stehenden Utensilien, Kanne und Omphalosschale, die wie nebensächlich arrangiert erscheinen, verweisen zudem attributiv auf das kommende Opfer. Auch dürfte die singuläre Verschattung des Gesichts auf den kommenden Zustand von Orest zu beziehen sein, denn nach der Ausführung des Sühnemords wird Orest von den Erinnyen verfolgt und in den Wahnsinn getrieben werden, bevor Iphigenie – seine dritte Schwester – ihn aus diesem Zustand erlösen wird.

Abb. 8 Detail aus Orest und Elektra.

2.5 DIE BILDVORLAGEN UND DIE ZEITGENÖSSISCHE VERWENDUNG DES THEMAS

Die Bildkomposition Schmidts schöpft ihre Anregungen vor allem aus damals bekannten antiken Vorlagen. So sind die Gestalt des Pylades und auch der Kopf Orests auf das so genannte *Antinous*-Relief (Abb. 7) zurückzuführen, das 1735 in der Villa Hadriana in Tivoli gefunden und von Kardinal Alessandro Albani für seine Sammlung erworben wurde.[30] Johann Joachim Winckelmann (1717-1768) beschrieb das Relief in seinen *Anmerkungen der Geschichte der Kunst des Alterthums* und in seinen *Monumenti antichi inediti*, in denen er 1767 auch einen Kupferstich nach dem Relief (Abb. 9) aufgenommen hatte und so wesentlich zu dessen Bekanntheit beitrug.

Bezieht sich Schmidt bei Pylades noch stärker auf die Oberkörpergestaltung des antiken Reliefs – sowohl entblößte Brust als auch die Gestaltung des Umhangs stimmen mit diesem überein – so entspricht der im strengen Profil gegebene Kopf von Orest dem des *Antinous*-Reliefs. Aber auch der Kopf von Pylades ist auf das Relief zurückzuführen, wenngleich Schmidt ihn leicht aus dem Profil dreht. Orest und Pylades nähern sich somit auch physiognomisch an – lediglich Haarfarbe und leicht variierende Frisur geben den Dargestellten eine Spur von Individualität – und lassen sie somit neben dem An-der-Hand-Fassen als das klassische Freundespaar erscheinen.[31] Claudia Tutsch machte darauf aufmerksam, dass Winckelmann „wie auch bei allen anderen Darstellungen des Antinous […] auch bei diesem den Ausdruck der Melancholie in den Gesichtszügen" fand,[32] was ihn für Schmidt wohl besonders prädestiniert für seinen Orest erscheinen ließ. Hinzu gesellt sich bei Schmidt die erwähnte Verschattung des Gesichts bei Orest, die die von Winckelmann beobachtete Melancholiestimmung verstärkt.

Mit dem Opferaltar und der Figur der Chrysothemis paraphrasiert Schmidt zudem Elemente aus der Frontplatte des *Orestes*-Sarkophages (Abb. 10), der sich zu seiner Zeit in der Villa Ridolfi in Rom befand und erst 1817 von Martin Wagner für die Glyptothek in München erworben wurde.[33] Im rechten Relieffeld steht Iphigenie in beruhigter Haltung, das Kultbild der Artemis in den Händen haltend (Abb. 11). Schmidt dreht Chrysothemis im Gegensatz zum Vorbild stärker in die Frontalansicht und verzichtet auf das Kultbild in den Händen. Zudem könnte Schmidt die Iphigenie-Figur auf einer fragmentierten Sarkophagplatte gesehen haben (Abb. 13), die zu der Zeit, als er in Rom lebte, an der Ostfassade der Villa Borghese in Rom unter den Fenstern des Erdgeschosses eingebaut war, bevor sie 1808 für den Louvre in Paris erworben wurde.[34]

Auch Elektra dürfte in ihrer körperlichen Disposition mit Vorlagen aus dem Umfeld von Artemisia-Darstellungen in Zusammenhang stehen. Sehr ähnlich ist auch der Habitus der Andromache in *Der Schmerz und die Klage der Andromache über den Tod Hektors* (Abb. 14) von

Abb. 9 Kupferstich nach dem Antinous-Relief.

Abb. 10 Orestes-Sarkophag, ehemals Villa Ridolfi, um 140-150 n. Chr., L 218 x H 44 x T 59 cm, München, Staatliche Antikensammlungen und Glyptothek.

Jacques-Louis David (1748-1825) aus dem Jahre 1782[35], ein weithin bekanntes Schlüsselwerk, aufgrund dessen David als vollwertiges Mitglied in die französische Akademie aufgenommen wurde. Andromache sitzt von spotartigem Beleuchtungslicht erhellt am rechten Bildrand und ist mit ihrem Körper – wie Schmidts Elektra – bildeinwärts gewendet, während sie sich mit ihrem Oberkörper und dem schmerzerfüllten Haupt nach rechts dreht. Sie blickt nach oben aus dem Bild heraus und nimmt damit eine ähnlich transitorische Haltung wie Elektra ein. Gut vergleichbar sind auch der geschlossene Kontur, der durch den über das Haupt gezogenen gelben Mantel zusammengefasst ist, ebenso der zugrundegelegte Farbklang Weiß-Gelb. Unterschiedlich ist der ausladende klagende rechte Arm sowie der in den Figurenblock aufgenommene Sohn Astyanax, der die Mutter zu trösten sucht. Letzterem kommt eine vergleichbare attributive Funktion zu wie der Urne bei Elektra: Schmidt verdichtet bei Elektra die Figur und konzentriert sie um die Urne als Nukleus – David hingegen demonstriert die Trauer um den toten, christusgleich aufgebahrten Helden, den Andromache ostentativ dem Betrachter zeigt.

Das Thema der Begegnung von Orest und Elektra war im 18. Jahrhundert, so Petra Tiegel-Hertfelder, „weitgehend unbekannt".[36] Johann Heinrich Wilhelm Tischbein d.Ä. (1722-1789) stellte die Szene 1776 in seinem Gemälde *Elektra erkennt ihren Bruder Orest am Grabe Agamemnons* (Abb. 16) dar, wobei er sich im Gegensatz zu Schmidt auf den „entscheidenden Wendepunkt des Geschehens"[37] konzentriert und den Höhepunkt der *Anagnorisis*-Szene wählt. Die am Grabe Agamemnons stattfindende Begegnungsszene hat Tischbein stark komprimiert. Orest gibt sich Elektra zu erkennen, die, noch die Urne umfassend, erstaunt innehält und ihren Bruder anblickt. Hier ist die

Abb. 11 Detail Orestes-Sarkophag, ehemals Villa Ridolfi, um 140-150 n. Chr., L 218 x H 44 x T 59 cm, München, Staatliche Antikensammlungen und Glyptothek.

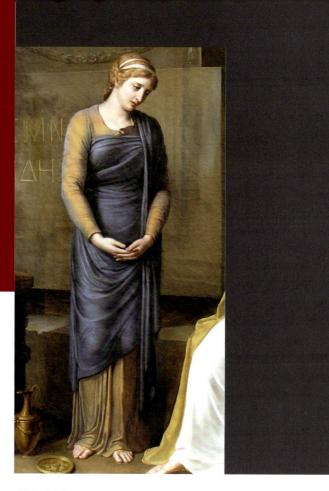

Abb. 12 Detail aus Orest und Elektra.

Urne in griechischen Lettern mit dem Namen Orest bezeichnet.

Auch Johann Baptiste Seele (1774-1814) widmete sich dem Thema. In seiner Darstellung von *Elektra, Orest und Pylades* (Abb. 17) von 1806, die auf drei Figuren reduziert die Begegnung vor einer Tempelarchitektur, dem Grabe Agamemnons zeigt, ist – ganz ähnlich wie bei Schmidt – der Moment kurz vor der *Anagnorisis* dargestellt.[38] Elektra umarmt in tiefe Trauer versunken die Urne des vermeintlich Verstorbenen. Orest hingegen hat seine Schwester auch hier bereits erkannt und wird sich ihr im nächsten Moment zu erkennen geben. Auch bei Seele findet sich die griechische Inschrift auf der Urne und zeigt die ersten drei Buchstaben des Namens von Orest, das heißt alle drei wählen für den Betrachter eindeutige Identifizierungshilfen – mit Hilfe der Schrift bezeichnen sie das zu Bezeichnende. Interessanterweise greift auch Seele für seinen Orest-Kopf, wie Schmidt schon Jahre zuvor, auf das *Antinous*-Relief in der Villa Albani (Abb. 7) zurück, das Seele jedoch, so Hermann Mildenberger, „mit einem an Guérin geschulten Pinsel in die Malerei übersetzt hat."[39] Auch Seele verschattet zudem das Gesicht von Orest ganz ähnlich wie Schmidt.

Abb. 13 Fragmentierte Orestes-Sarkophagplatte, um 140-150 n. Chr., L 143 x H 90 cm, Paris, Musée du Louvre.

2.6 DIE VEREINZELUNG UND HANDLUNGSARMUT DER FIGUREN

Die vier Protagonisten sind durch ihre Buntfarbigkeit und ihre verhaltene Gestik als in sich ruhende Figurationen bestimmt. In großen geschlossenen Konturen sind die Dargestellten jeweils für sich genommen. Auch ihre betrachterparallele Staffierung sowie die durch diese Ausrichtung erreichte geringe Plastizität unterstützen ihre statuarische Verhaltenheit und implizite Ruhe, die reliefhaft im Bühnenraum Gestalt findet. Ohne ausladende Gesten, ohne großes Pathos sind sie in die Bildfläche gebannt. Jede Figur zeigt auf paradigmatische Weise das Vereinzelt-Sein: Selbst wenn sie als Paar in die Bildfläche gebannt sind, wie bei Orest und Pylades, so ist jeder doch für sich. Gerade dieses Vereinzelt-Sein – ein Charakteristikum klassizistischer Malerei in toto – das vor allem durch das kompilatorische Prinzip der Bildvorlagen jeder Einzelfigur entsteht, führt zu der dargestellten Handlungsarmut des Bildes: Es ist keine tatsächliche Interaktion der Figuren untereinander zu erkennen, sondern sie wirken wie eine „Ansammlung von Kunstposen" in die Fläche gebannt – so Werner Busch schon über die Gemälde von David. Dieses Vereinzelt-Sein löst Bildhandlung im traditionellen Sinne gänzlich auf: „Der Künstler bedient sich nicht mehr in traditioneller Weise klassischer Figurensprache, um sie einem neuen Handlungszusammenhang aus Gründen künstlerischer Nobilitierung anzuverwandeln; vielmehr bleibt die Pose als Pose erkennbar, das Zitat als Zitat, das Klassische des Bildes ist ostentative, kunsthistorische Vergewisserung. Die Antike, Raffael oder Poussin tauchen vor dem geistigen Auge des Betrachters auf und bringen die szenische Entfaltung zum Verschwinden. So wird wiederum die Mitarbeit des Betrachters eingefordert: erst in der Assoziation des Vorbildbereiches gewinnen die Figuren ihr zur Pose gefrorenes Leben zurück."[40] Das heißt, dass die Vereinzelung der Figuren, die eine Handlungsarmut konstituiert, nur durch den Betrachtenden und dessen Wissen eine Bildhandlung imaginieren lässt.

2.7 DER RELIEFSTIL ALS AUSDRUCKSMITTEL EPISCHER ERZÄHLWEISE

Abb. 15 Detail aus Orest und Elektra.

Betrachtet man Schmidts Figurenparataxe näher, so fällt auf, dass sich diese im Vergleich zu seinen anderen bekannten Kompositionen zu einer strengen relief- respektive friesartigen Reihung verdichtet. Zieht man beispielsweise das bahnbrechende Werk *Apollo, Mnemosyne und die neun Musen (der Parnaß)* (Abb. 18) von Anton Raphael Mengs (1728-1779) in der Villa Albani in Rom hinzu, so wird die strengere Reliefhaftigkeit bei *Orest und Elektra* offenkundig. Ist dem *Parnaß* ebenfalls eine Reliefhaftigkeit immanent – wie insgesamt klassizistischer Malerei – so erfährt sie bei Schmidt nun insbesondere durch die strenge Parataxe und die Figurenausrichtung nach rechts sowie durch die Figurenabstände eine vehemente Steigerung. Die Reihung ist klar und übersichtlich, da sie beinahe konsequent auf raumbildende Überschneidungen verzichtet.[41]

Insgesamt liegt das Hauptaugenmerk auf den Figuren, die sich durch ihre triadisch gestimmte Buntfarbigkeit vom kulissenhaften Landschaftshintergrund abgrenzen. Oder anders gesagt: Der tonale olivgraubräunliche Kulissengrund hinterlegt die Figuren. Mit dieser Anordnung der Dargestellten ist eine Komprimierung des Bühnenraums als gestalteter Basrelief-Raum erreicht, dessen inhaltliche Kopplung durch den Sarkophag des Agamemnon sowie die Urne im Todesgedanken erfolgt. Vor diesem funeralen Grund erscheint das Vereinzelt-Sein der Figuren

Abb. 14 Jacques-Louis David (1748-1825), Der Schmerz und die Klage der Andromache über den Tod Hektors, 1782, Öl auf Leinwand, 275 x 203 cm, Paris, École Nationale Supérieure des Beaux-Arts, Leihgabe im Louvre.

als Grundhaltung, bei der die Dargestellten wie aus dem Kulissengrund herauspräpariert erscheinen und dennoch untrennbar mit diesem verbunden sind. Der neutralfarbige Sarkophaggrund übernimmt – wie beim antiken Relief – die Funktion des konstitutiven Urgrundes der Komposition. Schmidt paraphrasiert quasi das antike Basrelief, zitiert gar mit dem Opferaltar und der Chrysothemis Momente aus dem *Orestes*-Sarkophag (Abb. 10), und mit den Pylades- und Orest-Figuren das antike *Antinous*-Relief (Abb. 7) (s.o.), womit der Relief-Kontext noch plastischer wird. Schmidt bildet aus antiken Reliefvorlagen quasi malerisch sein eigenes ‚antikes' Basrelief!

Diese Bildauffassung und Kompositionsweise steht im Kontext eines neuen Bildkonzeptes, das eine poetische Zeitabfolge, mithin eine epische Erzählweise in der Gattung der Historia bildhaft werden lässt[42] und letztlich im Medium der Zeichnung mit John Flaxmans (1755-1826) Umrisszeichnungen (Abb. 22) seinen Höhepunkt und seine endgültige Realisierung erhalten wird.[43] Entscheidenden Einfluss für diese neuartige Ausrichtung der Bildkonzeption, die den Übergang vom Bühnenbild zum Reliefbild markiert, haben die antiken Sarkophagreliefs sowie die antike Vasenmalerei.

Die Illustrationen in der Publikation der ersten Vasensammlung von Sir William Hamilton (1730-1803) dürften anregend für solch eine Figurenparataxe und die Entbehrung der räumlichen Staffelung sein. Für die Publikation der ersten Sammlung, die zwischen 1767 und 1780 in vier Bänden erschien und 1772 schon an das British Museum in London verkauft wurde, gewann Hamilton Pierre François Huegues, der sich den Namen Baron d'Hancarville gab und auch die Kupferstecher für die Ausgabe beauftragte. Betrachtet man beispielsweise die Farbtafel der *Figurenszene einer attischen Hydria* (Abb. 19) aus dem ersten Band der Publikation, so ist der vormalige Kontext einer Vase aufgehoben und die Darstellung nähert sich dem Tafelbild an. Die Rundung ist aufgegeben, die Komposition ist in die rechteckige Bildfläche gebracht, wobei „die ornamentalen Rahmungen zumeist von den auf der Vase verwendeten Schmuckelementen inspiriert" waren.[44] Die prinzipielle kompositorische Verwandtschaft zu Schmidts *Orest und Elektra* ist dahingehend offenkundig, als dass die Dargestellten jeweils auf der Vordergrundebene in der strengen Parataxe situiert sind, auf jegliche räumliche Staffelung verzichtet ist und die Figuren – bei der *Figurenszene der attischen Hydria* noch strenger – ins Profil gestellt sind. Neben der Trennung zwischen Grund- und Figurenfarbigkeit, dessen Prinzip bei Schmidt in Buntfarbwert und neutraltoniger Folie des Grundes umgewandelt ist, sind zudem die Handgesten (deutlich bei Orest) vergleichbar, die wie aus dem erratischen Figurenblock herausgenommen erscheinen.

Abb. 16 Johann Heinrich Tischbein d.Ä. (1722-1789), Elektra erkennt ihren Bruder Orest am Grabe Agamemnons, 1776, Öl auf Leinwand, 69,5 x 56,6 cm, Karlsruhe, Staatliche Kunsthalle (Leihgabe des Badischen Staates).

Für Schmidt – bei Flaxman nachgewiesenermaßen – dürften zudem Johann Heinrich Wilhelm Tischbeins (1751-1829) Illustrationen, nunmehr reine Umrisszeichnungen zu der zweiten Vasen-Sammlung von Sir William Hamilton (Abb. 20), anregend gewesen sein. Zwar sind sie in mehreren Bänden erst ab 1793/94 publiziert worden,[45] jedoch hat Tischbein bereits seit 1790 einen Großteil der Grafiken „als unkommentierte Einzelgraphiken bzw. graphische Zyklen"[46] auf den Markt gebracht, die somit auch Schmidt in Rom erreicht haben werden. Diese Umrisszeichnungen, die in bildparalleler Abfolge auf den Kontur begrenzt, die Dargestellten im Profil nebeneinander zeigen und streng die Räumlichkeit negieren, scheinen neben den antiken Reliefs zudem eine nachhaltige Wirkung auf die Künstler in Rom ausgeübt zu haben.

Mit Gotthold Ephraim Lessings *Laokoon, oder Ueber die Grenzen der Malerei und Poesie*, 1766 publiziert, setzte innerhalb der Hierarchie der Kunstgattungen eine Umwertung ein. Lessing, der die spezifisch medialen und semiotischen Differenzen von Bild und Text, von Poesie und bildender Kunst darzustellen suchte, räumte tendenziell der Poesie den Vorrang vor der Malerei ein (und damit vor der gesamten bildenden Kunst).[47] Nur die Poesie sei nach seinem Dafürhalten dazu befähigt, nicht nur einen einzelnen Augenblick, sondern einen Vorgang von Anfang bis zu seinem Ende, und damit „sichtbare fortschreitende Handlungen" darzustellen, „deren verschiedene Teile sich nach und nach, in der Folge der Zeit, ereignen." Handlungen seien daher „der eigentliche Gegenstand der Poesie."[48] Hingegen sind die Gegenstände der Malerei für Lessing die Körper, da die Malerei keine fortschreitenden Handlungen darstellen kann, muss „sie sich mit Handlungen neben einander oder mit bloßen Körpern, die durch ihre Stellungen eine Handlung vermuten lassen, begnügen." „Wenn es wahr ist, daß die Malerei zu ihren Nachahmungen ganz andere Mittel und Zeichen gebraucht als die Poesie, jene nämlich Figuren und Farben im Raume, diese aber artikulierte Töne in der Zeit; wenn unstreitig die Zeichen ein bequemes Verhältnis zu dem Bezeichneten haben müssen: so können neben einander geordnete Zeichen auch nur Gegenstände, die neben einander folgenden Zeichen aber auch nur Gegenstände ausdrücken, die auf einander oder deren Teile auf einander folgen."[49] Damit unterscheidet Lessing einerseits zwischen aufeinander folgenden Gegenständen für die Poesie, denen eine zeitliche Disposition inhärent ist, andererseits auch zwischen nebeneinander folgenden Gegenständen, denen eine Parataxe zukommt. Aufeinanderfolgen können nach Lessing nur Handlungen, hingegen Nebeneinander-Sein nur Körper.[50]

Abb. 17 Johann Baptist Seele (1774-1814), Elektra, Orest und Pylades, 1806, Öl auf Leinwand, 249 x 194 cm, Ludwigsburg, Schlossmuseum.

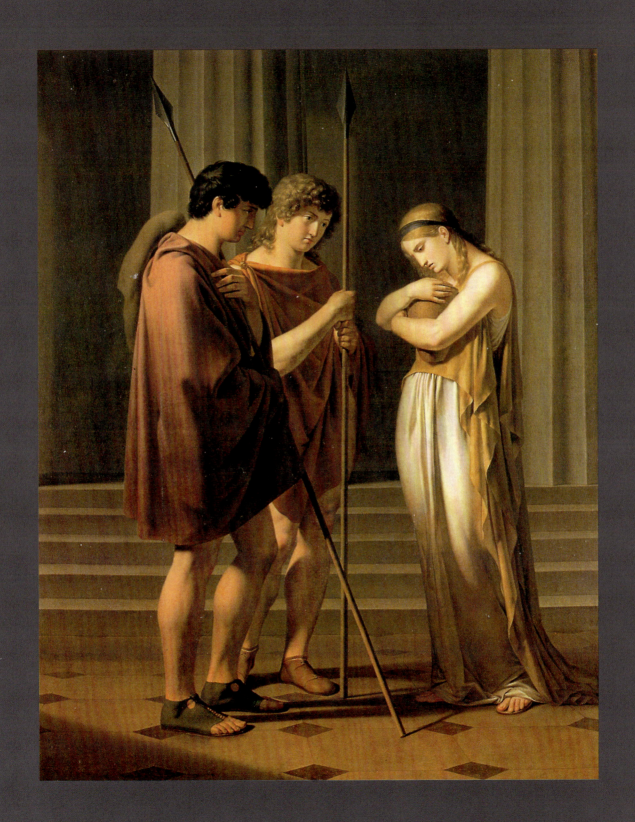

Wenn die Gattungsdiskussion mit Lessing somit die Höherbewertung der Poesie verfolgte, so war der Zeit gleichzeitig daran gelegen, sich mit ihren Historiengemälden der Poesie zumindest wieder anzunähern. Ein Schritt dieser Annäherung ist die zeitgenössische Aufwertung des antiken Basreliefs, das nun in die malerische Bildwelt zu dringen vermochte und mit Flaxmans Umrisszeichnungen seinen Höhepunkt erhalten sollte. Dieser radikale Schritt der Umrisszeichnung, bei der auf Binnenstruktur und auf alle raumbildenden Prinzipien verzichtet wird[51], ist jedoch nicht ohne Vorläufer nachzuvollziehen. Erst mit der verstärkten Rezeption antiker Reliefs, wie beispielsweise bei Schmidts *Orest und Elektra*, konnte die ‚Radikalisierung' der Umrisszeichnung und das damit verbundene notwendig werdende Abstraktionsvermögen künstlerisch fruchtbar werden.[52]

Dass Schmidts Annäherung an das antike Relief seinen tiefer liegenden Sinn in dem Versuch hat, eine epische Erzählweise zu konstituieren, beweist die Tatsache, dass die Kompositionsweise des *Orest und Elektra*-Bildes ein Bindeglied zwischen der Kompositionsweise eines ‚Bühnenbildes', wie zum Beispiel Davids *Schwur der Horatier* (Abb. 21), und einem ‚Reliefbild' darstellt. Vergleichbar sind Schmidt und Flaxman (Abb. 22), wenngleich sie in zwei unterschiedlichen künstlerischen Medien arbeiten, die strenge Parataxe und das Für-sich-Sein, die Isolation und Vereinzelung der Figuren.[53] Auch wenn Flaxman alle Figuren im strengen Profil aneinanderreiht und sich dem „Kunstmittel der Abstraktion"[54] bedient, ist festzustellen, dass beide Künstler zu einer friesartigen Komposition gelangen, die das Nebeneinander der Figuren in ein bildliches Nacheinander – bei Schmidt von links nach rechts, bei Flaxman von rechts nach links – zu „friesartigen Ereignisabläufen" überformt. Flaxman formuliert am 26. Oktober 1793 in einem Brief an Hayley: „[...] meine Absicht erschöpft sich nicht darin, der Welt ein paar Umrisse zu übergeben; meine Intention ist es zu zeigen, wie jede Geschichte in einer Serie von Kompositionen dargestellt werden kann, die den Prinzipien der Alten folgen [...]."[55]

August Wilhelm Schlegel (1767-1845) wird am Ende des Jahrhunderts in seinem Aufsatz *Ueber Zeichnungen zu Gedichten und John Flaxman's Umrisse* von 1799[56] eine Aufwertung des antiken Basreliefs formulieren, die er an den Umrisszeichnungen exemplifiziert. Schon Schlegel beobachtet, dass Flaxman sich in seiner Kompositionsweise antiker Vorbildlichkeit bedient, zum einen an der antiken Vasenmalerei[57], zum anderen am antiken Basrelief.[58] Diese Umrisszeichnungen, so Schlegel, „verbinde[n] die Bildsprache der Umrisse mit der Erzählweise Homers, der, wie auch Winckelmann bereits urteilen konnte, nicht in Bil-

Abb. 18 Anton Raphael Mengs (1728-1779), Apollo, Mnemosyne und die neun Musen (der Parnaß), Fresko, 313 x 580 cm, Rom, Villa Albani-Torlonia, Galerie.

dern spreche, sondern fortschreitende Bilder gebe."⁵⁹ Da für Schlegel das „Bindeglied zwischen vollrunder Skulptur und Malerei" das Relief darstellt, dessen Gewichtung erst in seiner Definition des Epos Gestalt annimmt, in dem er es als dessen Vergleichsgröße heranzieht, wird „nicht nur die Trennungslinie zwischen diesen Gattungen [Malerei und Skulptur] im Relief explizit aufgehoben, sondern implizit auch die von Lessing aufgestellte zwischen Dichtkunst und Malerei."⁶⁰ So betont Schlegel: „Das Epos ist das Basrelief der Poesie. Hier sind die Figuren nämlich nicht eigentlich gruppirt, sondern sie folgen aufeinander so viel möglich im Profil gestellt. Das Basrelief ist seiner Natur nach endlos. Wenn wir ein unvollständiges am Fries einer Tempelruine oder auf einer von beyden Seiten abgebrochenen Tafel erblicken, so können wir es in Gedanken vor und rückwärts weiter fortsetzten ohne eine bestimmte Gränze zu finden."⁶¹

Hiermit konstituiert Schlegel „auf dem Höhepunkt des Klassizismus eine Bildtheorie des Reliefs"⁶², die entscheidend für die ‚veränderten Positionen' der Malerei und der Bildhauerei wurde. „Die Linearität des Reliefs sowohl in der Binnenformulierung des Bildfeldes als auch in der seriellen Erweiterbarkeit der Einzelszenen [...] wurde für die sich weiterentwickelnde Kunsttheorie vom Klassizismus hin zur Frühromantik deshalb so fruchtbar, weil die – wenn auch nur gedachte – ‚Fortsetzbarkeit' des Relieffeldes zum Reliefband der epischen Sprache Homers [...] entsprach, zugleich aber auch der immer stärker geforderten Phantasiebeteiligung des Betrachters Rechnung trug."⁶³ Gerade diese Phantasiebeteiligung sah Schlegel in Flaxmans Umrisszeichnungen besonders veranschaulicht: „Der wesentliche Vortheil aber ist der, daß die bildende Kunst, je mehr sie bey den ersten leichten Andeutungen stehen bleibt, auf eine der Poesie desto analogere Weise wirkt. Ihre Zeichen werden fast Hieroglyphen, wie die des Dichters; die Phantasie wird aufgefordert zu ergänzen, und nach der empfangenen Anregung selbstständig fortzubilden [...]."⁶⁴

Gerade mit der linearen Abfolge, der strengen Figurenparataxe, am antiken Relief geschult, ist die Isolation und das Für-sich-Sein der Einzelfigur begründet. Diese Parataxe lässt, so paradox es auch erscheinen mag, die am Epos orientierte Erzählweise manifest werden, da in der seriellen frieshaften Anordnung, die jegliche Handlung vermeidet, im Sinne von „Hieroglyphen" die Handlung durch den Betrachtenden zu ergänzen ist. So ist die strenge Reliefhaftigkeit in der Malerei des Klassizismus, wie am Beispiel *Orest und Elektra* gezeigt, als ein Versuch epischer Erzählweise, mithin als eine poetische Zeitabfolge zu interpretieren, die nur durch den Betrachtenden realisiert werden kann: Das Bild benötigt

Abb. 19 Figurenszene einer attischen Hydria, aus: Pierre François d'Hancarville, Antiquités étrusques, greques et romaines tirées du cabinet de M. Hamilton, Bd. 1, Neapel 1766 [1767], S. 126, Abb. 26.

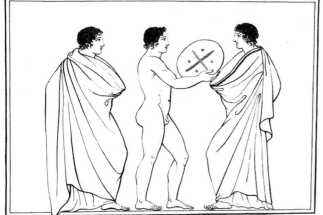

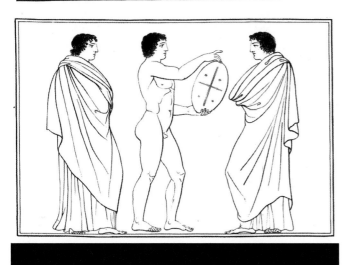

den Betrachter, um selbst epische Qualität zu erreichen. Insbesondere Schmidts *Orest und Elektra*, welches paradigmatisch die inhärente Ruhe des Bildgegenstandes sowie der Einzelfiguren, die ohne Pathos, ohne große Gesten auskommen, anschaulich werden lässt, kann als Versuch einer epischen Erzählweise in einem Historienbild gewertet werden: Denn das Epos ist für Schlegel keine „ruhige Darstellung des Ruhenden" sondern vielmehr „eine ruhige Darstellung des Fortschreitenden."[65] Im Epos ist es das Ziel „das Ruhende durch die Art der Darstellung in ein Fortschreitendes" zu verwandeln, was übertragen auf die Malerei über die Reliefrezeption und die Betrachterleistung realisiert werden kann: „es ist also dem Gange unseres Geistes angemessen."[66]

Abb. 20 Gegenüberstellung zweier Innenbilder attischer Schalen, aus: Johann Heinrich Wilhelm Tischbein (Hrsg.), Collection of engravings from the ancient vases in the possession of Sir W. Hamilton, Bd. 2, Neapel 1795 [1796], Taf. 61f.

Abb. 21 Jacques-Louis David (1748-1825), Der Schwur der Horatier, 1784, Öl auf Leinwand, Paris, Musée du Louvre.

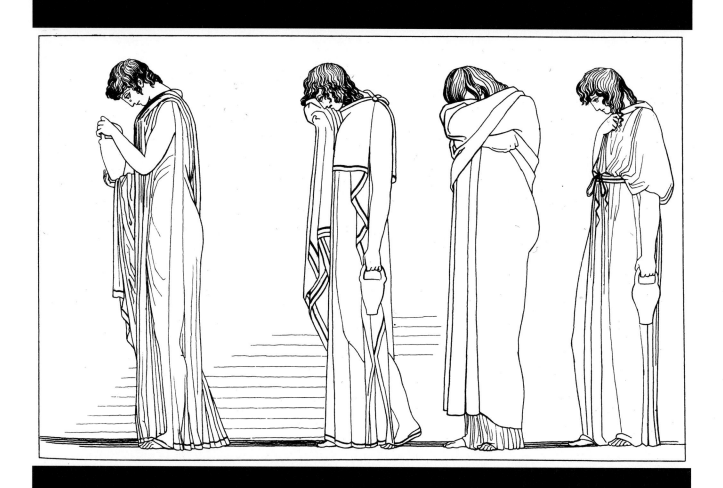

2.8 ELEKTRA ALS HELDIN
– DAS WEIBLICH-SUBLIME

Elektra ist die Protagonistin des Bildes, da die Komposition gänzlich auf sie ausgerichtet ist und Chrysothemis die Funktion der Ersatzbetrachterin für den tatsächlichen Betrachter übernimmt. Gerade weil Elektra in dieser Vereinzelung und *Versunkenheit*, in *absorption* gegeben ist, wird sie im Sinne des 18. Jahrhunderts zur weiblichen Heldin, deren Schmerz und Trauer vorbildlich sind und somit als künstlerische Umsetzung des Weiblich-Erhabenen (*Sublimen*) gelten kann.

Elektras Leiden ist zum emotionalen Höhepunkt geführt: Nicht nur die Trauer über den Tod ihres Vaters, über das eigene geschmähte Leben am Hof, über den Mutter-Tochter-Konflikt, sondern ihr Leid gipfelt im vermeintlichen Tod des Bruders. Um dieses unermessliche Leid für den zeitgenössischen Betrachter zu vermitteln, wählt Schmidt gerade den Moment kurz vor der beidseitigen *Anagnorisis*-Szene. Gerade die in Trauer versunkenen Frauen sprachen das „Sentiment der Betrachtenden" besonders an[67], das im Mitleiden der Betrachtenden Gestalt gewann. Johann Georg Jacobi (1740-1814) beispielsweise verglich in seinem Aufsatz *Über die Elegie* von 1774 die weibliche Klage mit der Dichter-Elegie und sprach den weiblichen Empfindungen die „echte[n] Farben der Elegie" zu.[68]

Im 18. Jahrhundert entsteht ein Rollenverständnis der Frau, das, wie Ellen Spickernagel aufgezeigt hat, in geistesgeschichtlichen Quellen und vor allem in der Antikendeutung (Johann Joachim Winckelmann) vorbereitet ist und gattungstheoretisch weitergeführt wurde. Die Frau wird im 18. Jahrhundert zur neuen „bürgerlichen Heldin [...] deren Rang aus der Stärke in der Trauer resultiert. Sie tritt aus der häuslich-privaten Sphäre heraus; ihr kommt, wie dem Helden, ein öffentlicher Raum zu, in dem ihre Trauer als bedeutsames Ereignis zelebriert wird."[69]

Die gattungstheoretische Grundlage bildet Denis Diderot (1713-1784), der die Position und Funktion der trauernden Frau im Historienbild in seinem Salon von 1765 an Hand der *Artemisia am Grabmal des Mausolos* von Jean-Baptiste-Henri Deshays, die als Studie ausgeführt war, darstellt. Nicht nur war Diderot von der Figur selbst berührt, sondern die ganze Komposition flöße „Bewunderung, Schmerz, Schrecken und Ehrfurcht ein"[70]. An der *Artemisia*-Figur, die die Urne mit den Überresten des verstorbenen Gatten Mausolos in den Händen hält, bewundert Diderot nicht nur ihre Stellung, die ganz in Schmerz und Ruhe sei, sondern vor allem auch ihr Gesicht, das „einen erhabenen und zugleich ergreifenden, traurigen und edlen Gesichtsausdruck"[71] besitze, der voller Grazie sei. Die ganze Figur sei voller Trauer und Schmerz: „Wie zart und innig umfaßt sie alles, was von dem, der ihr teuer war, übriggeblieben ist!" Den Schmerz der *Artemisia*-Figur fühlt Diderot beim Anblick selbst und verurteilt im Vergleich

Abb. 22 John Flaxman (1755-1826), Die Prozession der Trojanischen Frauen, Kupferstich.

die auf den Theaterbühnen vorgestellten affektreichen Schmerzesdarstellungen.[72]

Nicht nur der auf Diderot selbst übergehende Schmerz, sondern die Wirkungsintentionen der Bewunderung (*admiratio*), des Schreckens (*terror*) und des Mitleidens (*eleos*), konstituieren das Erhabene (*Sublime*) der Figur. Diderots Beschreibung macht deutlich, dass trauernde Frauenfiguren, die mit ihrer Trauer auf etwas anderes Bezug nehmen, z.B. auf den verstorbenen Mann, als Heldinnen rezipiert und mit dem *Weiblich-Sublimen* in Verbindung gebracht wurden. In der Trauer, im vollkommen Schmerz zeigen Frauen eine geschlechtsspezifische Form des *Sublimen* und konfigurieren hierdurch zur Heldin.[73]

Entscheidend hierbei ist, dass die Trauernde nicht mit einem zu starken Pathos gezeigt werde, sondern der Ausdruck soll, wie bei Schmidts Elektra, gemildert sein. Sie ist versunken in der Trauer, gänzlich still und beherrscht und durch den Mantelsaum des Schleiers als in sich ruhende Figuration geschlossen. Ihr Schmerz ist in der Ausdrucksform gemildert.

Gerade anhand des *Laokoon* und der *Niobe* wurde im 18. Jahrhundert die Verbindung der Schönheit mit dem *Erhabenen* (*Sublimen*) dargestellt.[74] Die Minderung des Affekts ist schon bei Winckelmann, am Beispiel des *Laokoon* in seinem viel zitierten Ausspruch „der edlen Einfalt und stillen Größe" und in der Figur der *Niobe* in Hinblick auf das Erhabene festgestellt worden. *Niobe* zeige, so Winckelmann, „die höchsten Ideen der Schönheit."[75] Auch bei Friedrich Schiller ist die höchste Form des *Sublimen* durch die Darstellung der „Beherrschung oder allgemeiner, durch Bekämpfung des Affekts" gegeben.[76] So schreibt auch H.H. Füßli über die *Niobe* im Vergleich zum *Laokoon*: „Niobe, deren Schmerz sich für ein feines Aug' freilich auch sichtbarlich zeiget, aber in einem so hohen Grade, welcher ihr Empfindungen raubt und die schönen Züge ihres Gesichts nicht verwildert, sondern auf ewig festspannt. Die Leiden der Niobe sind in allen Absichten weiser und würdiger als die Leiden des ersten [Laokoon]."[77] Das heißt, dass sich *Niobes* Schönheit gerade aus ihrer Regungslosigkeit und ihrer Affektminderung generiert und sie hierdurch erhaben ist.[78] In der größten Trauer ist auch Elektra regungslos, sie ist gerade nicht aufgelöst, sie rauft sich beispielsweise nicht die Haare, ist gerade nicht durch raumgreifende pathetische Gesten charakterisiert. Ihre Trauer ist nach innen gekehrt. Sie ist erhaben, gerade weil ihre Gestalt die Wirkungsweisen des Mitleids (*eleos*), respektive wie Marianne Kraus formuliert, des „Mitgefühls" und letztlich die Bewunderung (*admiratio*) auslöst.

Elektras große Trauer bekundet vor allem die Liebe zu ihrem Bruder und das Ausmaß des vermeintlich menschlichen Verlustes. Gerade hiermit wird das Sentiment verallgemeinert und bietet Identifizierungsmomente des Allgemein-Menschlichen für die Betrachtenden. Nicht nur ist das Mitleiden der Betrachtenden ausdrücklich intendiert, was in seiner „Dauerhaftigkeit als tröstlich empfunden werden konnte"⁷⁹, sondern der Frau wird im 18. Jahrhundert letztlich vermittelt, „daß leidvolles Vermissen naturgesetzlich zu ihrem Leben gehöre und daß die Leidensbereitschaft und Treue ihr Dasein im bürgerlichen Sinn rechtfertigt."⁸⁰ Dennoch ist bei Schmidts *Orest und Elektra* die Antizipation der Erlösung durch Orest enthalten. Gezeigt ist zunächst eine private Trauer, die jeder Betrachter nachvollziehen konnte, die durch die wirkungsästhetische Dimension in eine allgemeinmenschliche Trauer gewandelt wird und hiermit letztlich den kommenden Sühnemord rechtfertigt und ethisch vertretbar machen soll.

Ich Endes Unterschriebener bekenne hiermit für mich und meine Erben, daß, da ich zur Fortsetzung meiner Studien die Vorlauf eine Reise in Italien zu machen willens, zu deßen Vollzug aber noch Geld vonnöthen habe, ich meinem Vormund Herrn Uhr und Seinem Mitschreiber Kaiser zu Ottenbeüren vollmächtig die Vollmacht und Gewalt ertheile, meine Erbtheil zu Ottenbeüren gelegenen und von meinem Oheim seel. der Eheliches, nach vorgängiger gerichtlichen Publication und sonst observatis observandis rechtlicher Ordnung nach versteigern zu laßen, und mir hieraus aus deren Erlös zwey hundert Gulden hieher nacher Mannheim zu übersenden; da ich hierdurch alles ratifi-
ciere, so besagter Herr Vormünder Uhr und Herr Mitschreiber in solchem betreff haben gethan haben, oder noch thun werden.
Deßen zu mehrer Urkund habe ich diese Gewalt mit meinem gewöhnlichen Pettschaft rechtkräftig bekräftiget mit eigener Hand unterschrieben, zugleich aber hochlöbliche Churfürstl. Academie gehorsamst ersucht zu mehrerer Bekräftigung auch gegenwärtige Vollmacht das gewöhnliche academische Insiegel beizudrucken, geschehen
Mannheim d. 13ten März
1784
Johann Heinrich Schmitt

Diese oben Herrn Johann Heinrich Schmidt eigenhändig geschriebene Vollmacht wird auf deßen gezeichnetes Ansuchen der Accademischen Direction wegen unterschrieben, und das gewöhnliche Hiesiege beigedruckt. Mannheim d. 13ten Marz 1784
P. de Verschaffelt
Directeur de l'Accademie des Dessins

3. ANHANG
3.1 ZWEI EIGENHÄNDIGE BRIEFE VON JOHANN HEINRICH SCHMIDT GEN. FORNARO

Brief von Johann Heinrich Schmidt aus Mannheim an die Waisenschreiberei Ottweiler vom 13. März 1784. Hochkant gefalteter Bogen, 4 Seiten, nur auf der Vorderseite beschrieben, oben schwarzer Stempel, zuerst Schmidt, dann Peter Anton Verschaffelt (1710-1793), Direktor Mannheimer Akademie, in der Mitte rotes Siegel, unten: aufgeklebtes fast quadratisches Papiersiegel der Mannheimer Akademie. Runder Stempel, 6 Kreuzer, Umschrift: „CHUR PFALZ / ACCIS (N II) PAPIER"; oben Mitte: nach rechts schreitender Löwe, Landesarchiv Saarbrücken, WaisOTW 770.

Ich Endes unterschriebener bekenne hiermit für mich, und /
meine Erben, daß, da ich zur fortsezung meiner Studien in /
der Malerey eine Reiße in Italien zu machen willens, zu /
deßen Vollzug aber noch Geld vonnöten habe, ich meinem /
Vormund herrn Übe und Herrn Waisenschreiber Keiser /
zu Ottweiler wohlbedachtlich die Vollmacht und Gewalt ertheile, /
meiner sämtlich zu Ottweiler gelegene und von meinen Eltern ererb=/
te Gütern, nach vorgängiger gewönlichen Publication auch sonßt /
observatis observandis rechtlicher Ordnung nach versteigern zu /
laßen, und mir hieräufs aus deren Erlöß zwey hundert Gulden /
hieher naher Manheim zu übersenden; da ich zuvorderßt alles ratifi= /
cire, so besagter herr Vormünder Übe und herr Waisenschreiber /
in dießem betracht könten gethan haben, oder noch thun werden. /
Deßen zu wahrer Urkund habe ich deßen Gewalt /
mit meinem gewöhnlichen Petschafft wißentlich bekräfftiget, /
mit eigener Hand unterschrieben, zugleich auch eine hochlöbliche /
Zeichnungsacademie geziemenßt ersucht zu mehrerer beglau= /
bigung auf gegenwärtige Volmacht des gewöhnliche academi= /
sche Insiegel beizudruken, sogeschehen
Manheim d 13 ten März /
1784 /
Johann Heinrich Schmitt /

Abb. 23 Brief von Johann Heinrich Schmidt am 13. März 1784 aus Mannheim an die Waisenschreiberei Ottweiler.

Mannheim d 17ten März 84

Hochgeehrtester Herr.

Durch meinen Herrn Vatter Dienen habe ich Ver-
gnügen vernommen, daß Sie so gütig seyn wollen,
mir die besagte Summe von 200 fl gegen einen
von der hiesigen Zeichnungs Akademie untersiegelten
Vollmacht abfolgen zu laßen. Diesem zufolge
erhalten Sie nun dieselbe, nebst meiner Bitte
mich nicht lange warten zu laßen, weil ich
kaum Zeit mehr verliehren darf, meine Anstalten
zu finden. Unsere Akademie fält jetzo auch folglich
ist alle Zeit die ich hier zubringe verlust voll.
Die Quittung soll Ihnen augenblicklich nach dem
Empfang des Geldes ausgestellt werden. Ich
bringe Ihnen übrigens den wärmsten Dank vor Ihre
sorgsame Verwaltung meines wenigen Vermögens,
und bin überhaupt daß das Gnädiges Gedenken
hochschätzbare Mundel Vatters gegen die seinen
ihrer Seele groß werden esind. Leben Sie wohl nebst
meiner Empfehlung an Ihre werthe famille bin
ich mit der besten Hochachtung
                                          Ihr
                                    gehorsamster Diener
                                    Heinrich Schmid

Brief von Johann Heinrich Schmidt aus Mannheim an die Waisenschreiberei Ottweiler vom 17. März 1784. Hochrechteckiges Blatt, 23 x 19 cm, Landesarchiv Saarbrücken, WaisOTW 770.

Manheim d 17 ten März 84

Hochgeehrter Herr. /
Durch meinen Herrn Vetter Simon habe mit Ver /
gnügen vernommen, daß Sie so gütig sein wollen, /
mir die begehrte Summa von 200 fl gegen eine /
von der hiesigen Zeichnungs academie untersiegelte /
Vollmacht, abfolgen zu laßen. Diesem zu folge /
erhalten Sie nun dießelbe, nebst meiner bitte /
mich nicht lange warten zu laßen, weil ich /
keine Zeit mehr verliehren darf, meine Reiseaufzu= /
schieben. Unsere Academie hört jezo auf, folglich /
ist alle Zeit die ich hier zubringe Verlust vor mich. /
Die Quittung soll Ihnen augenblich nach dem /
Empfang des Geldes eingeschikt werden. Ich /
bringe Ihnen übrigens den wärmsten dank vor Ihre /
treuliche Verwaltung meines wenigen Vermögens, /
und bin überzeugt daß der Gewißensgedanke, /
rechtschaffener Mündel Vatter geweßen zu seien ! /
ihre Seele groß machen wird. Leben Sie wohl nebst /
meiner Begrüßung an Ihre wehrte famille bin /
ich mit der besten Hochachtung /
Ihr /
gehorsamster Diener /
Heinrich Schmidt. /

Abb. 24 Brief von Johann Heinrich Schmidt am 17. März 1784 aus Mannheim an die Waisenschreiberei Ottweiler.

3.2 ANMERKUNGEN

[1] Neueste Erkenntnisse zu Leben und Werk des Malers werden im Rahmen einer Dissertation der Verf. an der Universität Trier in Kürze vorgelegt. Die wichtigsten monografischen Publikationen sind bisher: Karl Lohmeyer, Johann Heinrich Schmidt aus Ottweiler, genannt „Fornaro", ein vergessener Maler aus den Tagen des Barock und der Romantik, in: Ders., Ottweiler in der Kunst des 18. Jahrhunderts (= Veröffentlichungen der Arbeitsgemeinschaft für Landeskunde, Bd. 1), Ottweiler 1950, S. 59-80; Ders., Der saarländische Maler Joh. Heinrich Schmidt genannt Fornaro in Rom und Neapel mit seinen Goethebeziehungen. Zugleich ein Beitrag zur Saarbrücker Malerschule des 18. Jahrhunderts, Ottweiler 1951; Ders., Neue Hinweise auf römische Beziehungen Goethes zu den Malern Schmidt-Fornaro und Pitz. Zur 200. Wiederkehr der Geburtstage des Malerdreigestirns Dryander – Pitz – Schmidt=Fornaro von der Saar und Blies, in: Saarbrücker Hefte, Nr. 4, 1956, S. 14-29; Werner Karg, Johann Heinrich Schmidt, in: Saarländische Lebensbilder, hrsg. von Peter Neumann, Bd. 2, Saarbrücken 1984, S. 83-115. – Zuletzt Ingrid Sattel Bernardini, Ist die klassizistische Tivoli-Landschaft im Hessischen Landesmuseum Darmstadt ein Werk von Johann Heinrich Schmidt (1757-1828)?, in: Kunst in Hessen und am Mittelrhein NF 2 (2006), S. 63-81.

[2] S. Brief von Johann Heinrich Schmidt vom 13. März 1784 aus Mannheim an die Waisenschreiberei in Ottweiler (Abb. 23), LA SB, WaisOTW 770, o.N.

[3] Reinhard Schneider, Die Gebäude der Porzellan-Manufaktur und die fürstlich-barocke Bautätigkeit in Ottweiler, in: AK Ottweiler Porzellan, hrsg. von Christof Trepesch, Alten Sammlung des Saarland Museums im historischen Witwenpalais Ottweiler im Auftrag des Landkreises Neunkirchen (7. Mai – 16. Juli 2000), Worms 2000, S. 15-30, vor allem S. 15ff. – Neue Erkenntnisse bei Georg Skalecki, Das sogenannte „Witwenpalais" in Ottweiler, in: Die Architektenfamilie Stengel, hrsg. von Hans-Christoph Dittscheid und Klaus Güthlein, Petersberg 2005, S. 155-163.

[4] Schneider 2000 (wie Anm. 3), S. 18f.

[5] Hierzu AK Ottweiler Porzellan 2000 (wie Anm. 3), darin: Gründungsvertrag S. 31. – Zuletzt Yvonne Schülke und Christof Trepesch, Die flüchtige Liebe. Ein Meisterwerk der Porzellanmanufaktur Ottweiler. Mit einem Katalog der Neuentdeckungen seit 2000, Saarbrücken 2005.

[6] Lohmeyer 1950 (wie Anm. 1), S. 64. – Daran anschließend z.B. auch Karg 1984 (wie Anm. 1), S. 84.

[7] Wie Anm. 2, und Brief von Johann Heinrich Schmidt vom 17. März 1784 aus Mannheim an die Waisenschreiberei in Ottweiler (Abb. 24), LA SB, WaisOTW 770, o.N.

[8] Aloys Ludwig Hirt bespricht die römische Atelierausstellung. Aloys Ludwig Hirt, Über zwey Gemälde von den Herren Pitz und Schmid, An Herrn B. zu F., Rom, den 30. April 1788, in: Italien und Deutschland in Rücksicht auf Sitten, Gebräuche, Litteratur und Kunst, hrsg. von Karl Philipp Moritz u. Aloys Ludwig Hirt, Berlin 1789-1791, Bd. 1, 1789, IX, S. 81-90. – Vgl. auch Karg 1984 (wie Anm. 1), S. 94f.; Sattel Bernardini 2006 (wie Anm. 1), S. 73.

[9] Hier zit. nach Roberto Zapperi, Das Inkognito. Goethes ganz andere Existenz in Rom, München 1999, S. 119.

[10] Marianne Kraus, Tagebuch einer Italienreise aus dem Jahre 1791, hrsg. und eingeleitet von Fritz Muthmann, in: Heidelberger Jahrbücher NF 1931, Heidelberg 1931, S. 95-176; Marianne Kraus, Für mich gemerkt auf meiner Reise nach Italien 1791. Reisetagebuch der Malerin und Erbacher Hofdame, hrsg. von Helmut Brosch (= Zwischen Neckar und Rhein, Schriftenreihe des Vereins Bezirkmuseum e. V. Buchen, Bd. 28), Buchen 1996. – Zitiert wird im Folgenden nach der Ausgabe von 1996, wobei die frühe Ausgabe wegen einiger Unterschiede ebenfalls genannt wird. – Seit Karl Lohmeyer ist das Tagebuch der Marianne Kraus als biografisches Dokument für Schmidt bekannt. Das Gemälde galt jedoch noch 2006 in der einschlägigen Literatur zu Schmidt als verschollen. Sattel Bernardini 2006 (wie Anm. 1), S. 76.

[11] Öl auf Leinwand, 92 x 122 cm, Schloss Český Krumlov, Tschechische Republik, Inv. Nr. CK 3665 (alte Inv. Nr.: Schwarzenbergsche Inventar NO 224; andere: 302, 249, 224, 367, 279), 1791 von Fürst Schwarzenberg bei Schmidt in Rom erworben. Da das Bild unsigniert ist, konnte der Maler von der tschechischen Forschung bislang nicht identifiziert werden. Der Rahmen ist zeitgenössisch. Anlässlich der Ausstellung in Ottweiler wurden einige kleinere Risse im oberen mittleren Bilddrittel geschlossen und die Bildoberfläche gereinigt.

[12] In der Neuedition des Tagebuches von 1996 ist ein Transkriptionsfehler unterlaufen, denn dort ist anstelle von „Clydemnestra" Iphigenie genannt. Im Original sowie in der Ausgabe von 1931 steht „Clidemnestra". Freundliche Mitteilung von Helmut Brosch, dem Herausgeber des Tagesbuchs der Marianne Kraus, am 12. März 2001 an die Verf.

[13] Kraus 1791 (1931) (wie Anm. 10), S. 137; Kraus 1791 (1996) (wie Anm. 10), S. 94.

[14] Friedrich Bury wurde 1763 in Hanau geboren und starb 1823 in Aachen. Er reiste gemeinsam mit Heinrich Lips nach Rom und blieb dort bis 1799.

[15] Kraus 1791 (1996) (wie Anm. 10), S. 100. – Der Eintrag zum 27. März ist in der frühen Ausgabe (Kraus 1791 (1931) (wie Anm. 10)) nicht enthalten. – Dass Kritik an den ‚zu dicken Hälsen der Schwestern' geäußert wurde liegt insbesondere in der allgemeinen Forderung begründet, wie sie beispielsweise Anton Raphael Mengs formuliert: Es sollen die „zartgebauten Halse eines weiblichen Wesens" in der Malerei zu sehen sein. Anton Raphael Mengs, Sämtliche hinterlassene Schriften, gesammelt und herausgegeben von G. Schilling, 2 Bde., Bonn 1843/44, Bd. 1, S. 161.

[16] Prinz Friedrich Schwarzenberg verstarb 1795 in Weinheim an der Bergstraße, nachdem er in der Schlacht bei Mannheim verwundet wurde. Friedrich Noack, Das Deutschtum in Rom seit dem Ausgang des Mittelalters, 2 Bde., Berlin 1927, hier Bd. 2, S. 546; Kraus 1791 (1996) (wie Anm. 10), S. 95, Anm. 305.

[17] Nicolas-Didier Boquet (auch Boguet) (1755-1839), französischer Landschaftsmaler, der seit 1783 bis zu seinem Tod in Rom war. Erwähnt auch in Hirts Künstlerverzeichnis aus dem Jahr 1787: „3. Boguet in den 30igen componirt eine schöne Landschaft, hat aber zuviel angenommene Manier, da er zu wenig nach der Natur studirt. Sein Ton ist zu tod, und zu wenig variert." Aloys Ludwig Hirt, Verzeichniß der bekanntesten jetztlebenden Künstler in Rom, in: Eckardt 1979, S. 331-339, hier S. 338f.; Aloys Ludwig Hirt, Verzeichniß der bekanntesten jetztlebenden Künstler in Rom, in: Aloys Hirt. Archäologe,

Historiker, Kunstkenner, hrsg. von Claudia Sedlarz unter Mitarbeit von Rolf H. Johannsen (= Berliner Klassik. Eine Großstadtkultur um 1800. Studien und Dokumente, hrsg. von der Berlin-Brandenburgischen Akademie der Wissenschaften, betreut von Conrad Wiedemann, Bd. 1), Hannover-Laatzen 2004, S. 316-366, hier S. 357f., dort auch weitere Literaturhinweise; Thieme/Becker, Bd. 4, S. 219f.

[18] Kraus 1791 (1931) (wie Anm. 10), S. 140; Kraus 1791 (1996) (wie Anm. 10), S. 100.

[19] 29. März 1791, Kraus 1791 (1931) (wie Anm. 10), S. 142; Kraus 1791 (1996) (wie Anm. 10), S. 109.

[20] 30. März 1791, Kraus 1791 (1996) (wie Anm. 10), S. 110. – Der Eintrag vom 30. März 1791 ist in der frühen Ausgabe (Kraus 1791 (1931) (wie Anm. 10)) des Tagebuchs nicht enthalten.

[21] Sophokles, Elektra, Übersetzung und Nachwort von Wolfgang Schadewaldt, Stuttgart 1999 (1964), S. 56.

[22] Ein Säulenstumpf, der sich aus einer Plinthe, einer einfachen Torusbasis, einem zylindrischem Schaft mit plastischen Festons und abschließender kreisrunder Mensa-Platte zusammensetzt.

[23] Zur Begrifflichkeit s. Michael Fried, Absorption and Theatricality. Painting and Beholder in the Age of Diderot, London u.a. 1980.

[24] Werner Busch, Die Neudefinition der Umrisszeichnungen in Rom am Ende des 18. Jahrhunderts, in: Zeichnen in Rom 1790-1830, hrsg. von Margret Stuffmann und Werner Busch (= Kunstwissenschaftliche Bibliothek, Bd. 19, hrsg. von Christian Posthofen), Köln 2001, S. 11-44, hier S. 30.

[25] Ebd.

[26] Kraus 1791 (1996) (wie Anm. 10), S. 100. – Der Eintrag zum 27. März ist in der frühen Ausgabe (Kraus 1791 (1931) (wie Anm. 10)) nicht enthalten.

[27] Wie Anm. 13 und 15.

[28] Fried 1980 (wie Anm. 23). – S. auch Michael Fried, Malerei und Betrachter. Jacques Louis Davids *Blinder Belisarius*, in: Der Betrachter ist im Bild. Kunstwissenschaft und Rezeptionsästhetik, hrsg. von Wolfgang Kemp, Köln 1985, S. 154-182.

[29] Der „fruchtbare Augenblick" ist für Lessing dann gegeben, wenn die Bildgegenwart vor dem tatsächlichen Höhepunkt der Erzählung liegt. Für ihn muss er „der Einbildungskraft freies Spiel geben. Je mehr wir sehen, desto mehr müssen wir hinzu denken können. Je mehr wir dazu denken, desto mehr müssen wir zu sehen glauben." Gotthold Ephraim Lessing, Laokoon, oder Ueber die Grenzen der Malerei und Poesie, in: Gotthold Ephraim Lessing, Gesammelte Werke, 3 Bde., Stuttgart 1886, hier Bd. 2, S. 523-657, hier S. 536f.

[30] Seit dem 18. Jahrhundert befindet sich das Relief in der Villa Albani in Rom. Schon ein Jahr nach seiner Auffindung wurde es gestochen und erlangte schnell Berühmtheit. Zudem siedelt Winckelmann den *Antinous* in seiner Wertung direkt nach dem *Apoll vom Belvedere* und dem *Laokoon* an, welches die hohe Wertschätzung der Figur verdeutlicht. S. Hermann Mildenberger, Der Maler Johann Baptist Seele (= Tübinger Studien zur Archäologie und Kunstgeschichte, hrsg. von Ulrich Hausmann und Klaus Schwager, Bd. 5), Tübingen 1984, S. 133; Claudia Tutsch, «Man muß mit ihnen wie mit seinem Freund, bekannt geworden seyn ...». Zum Bildnis Johann Joachim Winckelmanns von Anton von Maron (= Schriften zur Winckelmann-Gesellschaft, hrsg. von Max Kunze, Bd. 13), Diss., Mainz 1995, S. 60, 63. – Der Kupferstich nach dem *Antinous*-Relief ist ebenfalls auf dem Porträt Winckelmanns von Anton von Maron, 1768 entstanden, zu sehen (Öl auf Leinwand, 136 x 99 cm, Weimar, Kunstsammlungen zu Weimar, Schlossmuseum). S. ausführlich hierzu ebd., S. 59-85.

[31] Das An-der-Hand-Fassen als klassischer Freundschaftsgestus findet sich schon auf antiken Sarkophagreliefs, wie beispielsweise auf einer Szene des Deckels des Orest-Sarkophages in Rom (links), Vatikan, Museo Gregoriano Profano, L 215 x H 23 x T 80 cm, Abb. in: Ruth Bielfeldt, Orest auf römischen Sarkophagen, Diss., Berlin 2005, Taf. 5, Nr. 3.

[32] Tutsch 1995 (wie Anm. 30), S. 61.

[33] Entstanden um 140-150 n. Chr., L 218 x H 44 x T 59 cm, München, Staatliche Antikensammlungen und Glyptothek, s. Bielfeldt 2005 (wie Anm. 31), S. 340.

[34] Fragmentierte Sarkophagplatte, um 140-150 n. Chr., L 143 x H 90 cm, Paris Musée du Louvre, s. ebd., Kat. Nr. II.2, S. 340.

[35] S. AK David e Roma, Academia di Francia a Roma, (Dezember 1981 – Februar 1982), Rom 1981, Kat. Nr. 32 (s. auch Vorzeichnung Kat. Nr. 31).

[36] Petra Tiegel-Hertfelder, >Historie war sein Fach<. Mythologie und Geschichte im Werk Johann Heinrich Wilhelm Tischbeins d.Ä. (1722-1789) (= Manuskripte zur Kunstwissenschaft in der Wernerschen Verlagsgesellschaft, hrsg. von Ferdinand Werner, Bd. 49), Worms 1996, S. 355.

[37] Ebd.

[38] Hermann Mildenberger hingegen möchte den Moment des Mordplans darin sehen: „Die seltsam eisigen Züge der Elektra lassen die Deutung zu, daß bereits über den Mordplan geredet wurde, während Elektra, selbstvergessend nachsinnend, noch immer die ihr übergebene Urne hält." Mildenberger 1984 (wie Anm. 30), S. 134.

[39] Ebd., S. 133.

[40] Werner Busch, Das sentimentalische Bild. Die Krise der Kunst im 18. Jahrhundert und die Geburt der Moderne, München 1993, S. 162f.

[41] Eine Ausnahme bildet diejenige Überschneidung des linken Armes von Pylades, die der Leserichtung der Figurenkomposition dient, sowie der Darstellung der Gruppenzugehörigkeit von Orest und Pylades.

[42] Ralph Melcher am Beispiel von Flaxman, Thorvaldsen, Schadow, Canova u.a. unter Hinzunahme von zeitgenössischen Textquellen „auf dem Höhepunkt des Klassizismus eine Bildtheorie des Reliefs" zu konstatieren, die die Bildhauerei der Zeit beeinflusst habe. Hierbei ist jedoch zu beachten, dass dieses neuartige Bildverständnis schon weitaus früher einsetzte und insbesondere auch die Malerei affizierte, was an vorliegendem Beispiel deutlich wird. Erst ein Jahr nach Beendigung des *Orest und Elektra*-Gemäldes wird John Flaxman 1792 seine Umrisszeichnungen zur Ilias und Odysee beginnen, die 1793 erscheinen werden, und die in Melchers Argumentation maßgeblich für die neue Entwicklung stehen. Ralph Melcher, Phidias und Homer als Vorbilder für klassizistische Bildhauer, in: AK Wiedergeburt der griechischen Götter und Helden. Homer in der Kunst der Goethezeit, hrsg. von Max Kunze, Winckelmann-Gesellschaft im Winckelmann-Museum, Stendal (6. November 1999 – 9. Januar 2000), Mainz 1999, S. 268-276.

[43] 1793 von Tommaso Piroli (1750-1824), einem Mitarbeiter Piranesis, in Rom gestochen und 1805 in London neu aufgelegt. AK John Flaxman. Mythologie und Industrie, hrsg. von Werner Hofmann, British Council und Hamburger Kunsthalle, Hamburg (20. April – 3. Juni 1979), München 1979, S. 107.

[44] Stefan Schmidt, Sammler – Abenteurer – Antiquare: Die Erforschung und Publikation antiker Vasen im 18. Jahrhundert, in: AK Faszination der Linie. Griechische Zeichenkunst auf dem Weg von Neapel

[45] *Collection of Engravings from Antique Vases*, engr. J. H. W. Tischbein; 1796 erschien der zweite Band, der dritte erst 1800. – Werner Busch machte darauf aufmerksam, dass diese Illustrationen auch deshalb als Umrisszeichnungen erschienen, „nicht weil Hamilton dies für die angemessenere Publikationsform hielt, sondern schlicht, weil es billiger war. Hamilton hatte finanzielle Schwierigkeiten, der Verkauf weiterer Antiken nach England erwies sich als nicht einfach. Auch mit dem Verkauf der zweiten Vasensammlung kam er nicht recht voran. Ferner zeigt die Existenz einiger weniger De-luxe-Ausgaben der zweiten Vasensammlung, die die gleiche Kolorierung der Illustrationen wie die erste Sammlung aufweisen, an, daß der durchgehende reine Umrissstichtypus der zweiten Publikation eher ein Zufallsprodukt ist." Busch 2001 (wie Anm. 24), S. 25. – S. zur Publikation der zweiten Sammlung und deren Einflüsse auf die zeitgenössischen Künstler auch Caecilie Weissert, Reproduktionsstichwerke. Vermittlung alter und neuer Kunst im 18. und frühen 19. Jahrhundert, Berlin 1999, S. 116-140.

[46] Busch 2001 (wie Anm. 24), S. 25.

[47] Der Poesie „stehen Schönheiten zu Gebote [...], welche die Malerei nicht zu erreichen vermag". Lessing 1766 (1886) (wie Anm. 29), S. 567. – Seit den 1980er Jahren rückt Lessing aufgrund seines medial-semiotischen Ansatzes ins Blickfeld der Forschung. Eine Lessingsche Zeichentheorie wird postuliert, in der seine Grenzziehung zwischen Malerei und Poesie als eine Grenzziehung zweier Zeichensysteme dargestellt wird. S. hierzu u.a. David Wellbery, Lessing's Laocoon. Semiotics and Aesthetics in the Age of Reason, Cambridge 1984; Gunter Gebauer (Hrsg.), Das Laokoon Projekt. Pläne einer semiotischen Ästhetik, Stuttgart 1984.

[48] Lessing 1766 (1886) (wie Anm. 29), S. 538, 592f.

[49] Ebd., S. 593.

[50] Zwar schränkt Lessing ein, dass die Poesie auch Körper schildern und die Malerei auch Handlungen nachahmen kann, aber beides sei nur andeutungsweise möglich. Ebd.

[51] Zu betonen ist, dass Flaxman sie als Vorlagen für tatsächlich auszuführende Reliefs ansah die jedoch nie zur Ausführung gelangten. So Flaxman in einem Brief vom 26. Oktober 1793 an Hayley: von den Umrisszeichnungen werde „ich – sobald ich nach England zurückkehre – Beispiele in Skulpturen verschiedener Art zu geben beabsichtigen, in Gruppen von Bas-Reliefs, geeignet für jegliche Zwecke sakraler und profaner Architektur." Brief verwahrt im Cambridge, Fitzwilliam Museum, Flaxman Letter-box no. 4, ff. 1-2, hier zit. nach AK Flaxman 1979 (wie Anm. 43), S. 106, S. 179.

[52] So empfiehlt beispielsweise auch Flaxman den Künstlern: „die antiken Sarkophage [...] stellen eine großartige Sammlung von Kompositionen nach den großen Dichtern des Altertums dar, Homer, Hesiod, Aischylos, Euripides und Sophokles – [...] Ihr Studium wird dem jungen Künstler die wahren Prinzipien der Komposition [an die Hand] geben, wirkungsvoll und ohne zu verwirren das Hauptinteresse seines Sujets hervorzubringen, durch grandiose Linienführung der Figuren, ohne die Einmischung nutzloser, ungehöriger oder trivialer Dinge." Zit. nach AK Flaxman 1979 (wie Anm. 43), S. 106.

[53] Wobei einzuschränken ist, dass dies bei Flaxman nur bei den Kupferstichen der Fall ist, bei denen eine lineare bildparallele Komposition eingesetzt wurde, wie etwa bei der *Prozession der Trojanischen Frauen* (Abb. 22, Kupferstich), Feder, 21,9 x 29,8 cm, London, Royal Academy of Arts, Abb. in: AK Flaxman 1979 (wie Anm. 43), S. 117, Kat. Nr. 117; sowie Kupferstich ebd., Abb. 45.

[54] Werner Hofmann, Der Tod der Götter, in: AK Flaxman 1979 (wie Anm. 43), S. 20-30, hier S. 25. – „Flaxman gliedert die Fläche so, daß Körper und Raum, positive und negative Formen sie gleichrangig bestimmen. Auch die Zwischenräume sind also formhaltig, nicht ausgespart, sondern in die Gestaltrechnung einbezogen. Allein dieses Merkmal macht aus Flaxman einen Vorläufer des nachimpressionistischen Formbewußtseins." Ebd.

[55] Brief im Cambridge, Fitzwilliam Museum, Flaxman Letter-box no. 4, ff. 1-2, hier zit. nach AK Flaxman 1979 (wie Anm. 43), S. 106, S. 179.

[56] August Wilhelm Schlegel, Ueber Zeichnungen zu Gedichten und John Flaxman's Umrisse, in: Athenaeum, hrsg. von August Wilhelm Schlegel und Friedrich Schlegel, Bd. 2, 2. Stück, Berlin 1799 (Nachdruck Darmstadt 1973), S. 193-246.

[57] Flaxman hat „sich den Styl der Vasengemählde selbständig angeeignet, und nach seinen Bedürfnissen mit Verstand und Eigenthümlichkeit modifizirt." Ebd., S. 233.

[58] „Wo es für den Gegenstand vortheilhaft war, hat Flaxman mahlerisch gruppiert und die Figuren auf verschiedene Plane gestellt; oft aber die dem Basrelief eigene Komposizion angewandt, daß mehrerer Figuren auf demselben Plane hinter oder gegen einander stehen, jede ganz für sich [Absorption], und kein Hintergrund vertieft wird. Hierin ist auch Symmetrie [...]: es ist die gebildete Simplizität eines Geschmacks, der sich im unnütz schwierigen gefällt, sondern mit den leichtesten Mitteln grade zum Ziele geht. Hat die Handlung etwas gleichförmiges, so wird, wie mich dünkt, der Eindruck durch eine geordnete Wiederhohlung ruhiger und größer in die Seele gebracht. Man nehme z. B. das Blatt, wo Elektra mit drey Choephoren ein Trankopfer zum Grabe ihres Vaters trägt: alle gehen im Profil in gleicher Entfernung hinter einander, weinend, mit ähnlichen Gebehrden, nur Elektra tiefer gebeugt." Ebd., S. 235.

[59] Melcher 1999 (wie Anm. 42), S. 270.

[60] Ebd., S. 274.

[61] August Wilhelm Schlegel, Vorlesungen über Ästhetik (1798-1803), hrsg. von Ernst Behler, Paderborn 1989, S. 568. – Dass eine Neubewertung des Reliefs ansetzt, wird insbesondere im Vergleich zu Johann Georg Sulzers Bewertung anschaulich, denn dieser kritisiert Jahre zuvor noch scharf eine reliefhafte, lineare Kompositionsweise, die er als „gänzliche[n] Mangel der mahlerischen Anordnung" charakterisiert. Johann Georg Sulzer, Allgemeine Theorie der Schönen Künste in einzelnen nach alphabetischer Ordnung der Kunstwörter auf einander folgenden Artikeln, 4 Bde., Leipzig 1792-94, 2. Aufl. (Reprografischer Nachdruck der 2. vermehrten Auflage, Hildesheim 1967), Bd. 3, Artikel „Plan", S. 700.

[62] Melcher 1999 (wie Anm. 42), S. 270.

[63] Ebd., S. 273.

[64] Schlegel 1799 (1973) (wie Anm. 56), S. 205.

[65] August Wilhelm Schlegel, Epos, in: Ders., Die Kunstlehre (= August Wilhelm Schlegel, Kritische Schriften und Briefe, hrsg. von Edgar Lohner, Bd. 2), Stuttgart 1963, S. 306-317, hier S. 306.

[66] Ebd.

[67] Ursula Hilberath, «ce sexe est sûr de nous trouver sensible». Studien zu Weiblichkeitsentwürfen in der französischen Malerei der Aufklärungszeit (1733-1789), Diss., Alfter 1993, S. 219.

[68] Johann Georg Jacobi, Über die Elegie, in: Iris, Vierteljahresschrift für Frauenzimmer, Bd. 1, 2. Stück, 1774, S. 53-74, hier zit. nach Ellen Spickernagel, Groß in der Trauer. Die weibliche Klage um tote Helden in Historienbildern des 18. Jahrhunderts, in: AK Sklavin oder Bürgerin? Französische Revolution und neue Weiblichkeit 1760-1830, hrsg. von Viktoria Schmidt-Linsenhoff (= Kleine Schriften des Historischen Museums Frankfurt, Bd. 44), Marburg 1989, S. 308-324, hier S. 317.

[69] Ellen Spickernagel macht dieses vor allem am Beispiel der Totenbettszenen deutlich. Spickernagel 1989 (wie Anm. 68).

[70] Denis Diderot, Aus dem „Salon von 1765", in: Ders., Ästhetische Schriften, aus dem Französischen übersetzt von Friedrich Bassenge und Theodor Lücke, 2 Bde., Frankfurt a. M. 1968, hier Bd. 1, S. 535-539, hier S. 535. – Vgl. hierzu Spickernagel 1989 (wie Anm. 68), S. 315; Hilberath 1993 (wie Anm. 67), S. 222-224.

[71] Diderot 1968 (wie Anm. 70), S. 537.

[72] Ebd.

[73] Bettina Baumgärtel zeigt eine weitere Spielart des Weiblich-*Sublimen* anhand der Figur der Ohnmächtigen in Gemälden des Klassizismus. Bettina Baumgärtel, Die Ohnmacht der Frauen – Sublimer Affekt in der Historienmalerei des 18. Jahrhunderts, in: Kritische Berichte 1 (1990), S. 5-20.

[74] Die folgenden Ausführungen zum Weiblich-*Sublimen* nach: Ebd., S. 15-17; Ulrike Müller-Hofstede, Achill, Apoll und Niobe – Das Sublime in Gavin Hamiltons Historienbildern. Eine Studie zur Ästhetik des Göttlichen und Heldenhaften, Diss., Münster/Hamburg 1993, S. 133-138.

[75] Johann Joachim Winckelmann, Geschichte der Kunst des Alterthums, Dresden 1764, Neudruck Darmstadt 1982, S. 167, vgl. auch Müller-Hofstede 1993 (wie Anm. 74), S. 137.

[76] Friedrich Schiller, Vom Erhabenen, in: Über das Schöne und die Kunst. Schriften zur Ästhetik, hrsg. von Gerhard Fricke und Herbert G. Göpfert, München 1984, S. 120.

[77] H.H. Füßli in der Vorrede der deutschsprachigen Ausgabe von Daniel Webb, Untersuchungen des Schönen in der Mahlerey und dem Verdienste der berühmtesten alten und neuern Mahlern. Aus dem Engl. des Ritters Daniel Webb übers. mit des A.R. Mengs Gedanken über die Schönheit und den Geschmack in der Mahlerey vermehrt. Vorrede von H.H. Füßli an den Übersetzer Vögelin, zweyte Auflage, Zürich 1771 (1. Aufl. 1766), S. XIV.

[78] Dieses Affektfreie steht im Gegensatz zum Pathetisch-Sublimen, wie es beispielsweise von Edmund Burke gefordert wird und ist dem Ethisch-Sublimen zuzuweisen. Müller-Hofstede 1993 (wie Anm. 74), S. 136. – Mit Edmund Burkes Schrift über das *Sublime* setzt eine Trennung zwischen Schönem und Erhabenem ein, dennoch bleibt deren Verbindung bei verschiedenen Autoren, beispielsweise bei Johann Georg Sulzer, noch erhalten. Edmund Burke, A Philosophical Enquiry into the Origin of our Ideas of The Sublime and Beautiful (1757, 1759), ed. with an Introduction and Notes by J.T. Boulton, London 1958.

[79] Hilberath 1993 (wie Anm. 67), S. 246.

[80] Spickernagel 1989 (wie Anm. 68), S. 317.

3.3 ABBILDUNGSNACHWEIS

Abb. 1	Foto: Hessisches Landesmuseum Darmstadt.
Abb. 2, 6, 8, 12, 15	Foto: Národní památkový ústav, České Budejovice.
Abb. 3, 4	aus: Kraus 1791 (1996) (wie Anm. 10), S. 20, Abb. 1; S. 254, Abb. 21.
Abb. 5	Foto: Hessisches Landesmuseum Darmstadt.
Abb. 7	aus: Tutsch 1995 (wie Anm. 31), o.P., Abb. 8.
Abb. 9	aus: Weissert 1999 (wie Anm. 45), Abb. 37, o.P.
Abb. 10, 11, 13	aus: Bielfeldt 2005 (wie Anm. 32), Kat. Nr. II.1, S. 340, Taf. 18; Kat. Nr. II.1, S. 340, Taf. 20.1; Kat. Nr. II.2, S. 340, Taf. 21.
Abb. 14	aus: Simon Lee, David, London 1999, S. 56.
Abb. 16	aus: Tiegel-Hertfelder 1996 (wie Anm. 36), o.P., Abb. 95.
Abb. 17	aus: Mildenberger 1984 (wie Anm. 31), Kat. Nr. 152, o.P., Taf. V.
Abb. 18	aus: Steffi Roettgen, Anton Raphael Mengs 1728-1779. Das malerische und zeichnerische Werk, Bd. 1, Kat. Nr. 304, Farbtaf. XV.
Abb. 19, 20	aus: AK Faszination der Linie 2004 (wie Anm. 44), S. 10, Abb. 3; S. 18, Abb. 13.
Abb. 21	aus: Antoine Schnapper, J.-L. David und seine Zeit, (franz. Ausgabe, Fribourg 1980), Würzburg 1981, S. 77.
Abb. 22	aus: AK Flaxman 1979 (wie Anm. 43), S. 117, Abb. 45.
Abb. 23, 24	Foto: Landesarchiv Saarbrücken.